대한민국 법령 시리즈 317

빈집 및 소규모주택 정비에 관한 특례법
(약칭 : 소규모주택정비법)

법령
시행령
시행규칙

해광출판사

머리말

이 책은 방대한 법전을 보지 않고 간편하게 해당되는 법령만 참고해서 볼 수 있도록 하였습니다. 공공기관이나 관련 종사자들이 쉽고 간편하게 해당 법령을 참조 할 수 있도록 하였습니다.

특히 해당법률은 물론 관련 시행령, 시행규칙을 함께 실어 관련법을 서로 참고할 수 있게 하였습니다.

법률이라는 것이 크든 작든 항상 변하는 관계로, 출간 이후의 정확하고 최신의 법률은 법제처 국가법령정보센터에서 확인이 가능하니 법률의 실제 적용 시 확인이 필요한 점 유의하기를 바랍니다.

편집부

* 수록 법률은 법제처 국가법령정보센터에서 확인 가능합니다.
* 발행일 기준 시행 법률이므로 최신 법령은 위 센터에서 볼 수 있습니다.
* 본 책자에 수록된 법률의 문구에 대하여 법적인 효력은 없으며,
  실제 적용 법률은 위 센터에서 최신의 법률로 확인하시기 바랍니다.
* 해당 법령과 함께 시행령, 시행규칙도 수록되어 있습니다.
* 발행일 기준으로 개정 예정 법률은 밑줄로 별도 표시되어 있으며,
  보다 정확한 것은 법제처에서 확인하기 바랍니다.

목차

빈집 및 소규모주택 정비에 관한 특례법 (약칭 : 소규모주택정비법)

[시행 2025. 6. 4.] [법률 제20549호, 2024. 12. 3., 타법개정]

**개정 예정 법률 밑줄 별도 표시.

빈집 및 소규모주택 정비에 관한 특례법 (약칭 : 소규모주택정비법)

[시행 2025. 6. 4.] [법률 제20549호, 2024. 12. 3., 타법개정]

제1장 총칙

제1조(목적) 이 법은 방치된 빈집을 효율적으로 정비하고 소규모주택 정비를 활성화하기 위하여 필요한 사항 및 특례를 규정함으로써 주거생활의 질을 높이는 데 이바지함을 목적으로 한다.

제2조(정의) ① 이 법에서 사용하는 용어의 뜻은 다음과 같다. 〈개정 2019. 4. 23., 2021. 7. 20., 2021. 10. 19.〉

1. "빈집"이란 특별자치시장·특별자치도지사·시장·군수 또는 자치구의 구청장(이하 "시장·군수등"이라 한다)이 거주 또는 사용 여부를 확인한 날부터 1년 이상 아무도 거주 또는 사용하지 아니하는 주택을 말한다. 다만, 미분양주택 등 대통령령으로 정하는 주택은 제외한다.

2. "빈집정비사업"이란 빈집을 개량 또는 철거하거나 효율적으로 관리 또는 활용하기 위한 사업을 말한다.

3. "소규모주택정비사업"이란 이 법에서 정한 절차에 따라 노후·불량건축물의 밀집 등 대통령령으로 정하는 요건에 해당하는 지역 또는 가로구역(街路區域)에서 시행하는 다음 각 목의 사업을 말한다.

가. 자율주택정비사업: 단독주택, 다세대주택 및 연립주택을 스스로 개량 또는 건설하기 위한 사업

나. 가로주택정비사업: 가로구역에서 종전의 가로를 유지하면서 소규모로 주거환경을 개선하기 위한 사업

다. 소규모재건축사업: 정비기반시설이 양호한 지역에서 소규모로 공동주택을 재건축하기 위한 사업. 이 경우 도심 내 주택공급을 활성화하기 위하여 다음 요건을 모두 갖추어 시행하는 소규모재건축사업을 "공공참여 소규모재건축활성화사업"(이하 "공공소규모재건축사업"이라 한다)이라 한다.

1) 제10조제1항제1호에 따른 토지주택공사등이 제17조제3항에 따른 공동시행자, 제18조제1항에 따른 공공시행자 또는 제56조에 따른 사업대행자(이하 "공공시행자등"이라 한다)일 것

2) 건설·공급되는 주택이 종전 세대수의 대통령령으로 정하는 비율 이상일 것. 다만, 제27조에 따른 통합심의를 거쳐 「국토의 계획 및 이용에 관한 법률」 제18조에 따른 도시·군기본계획 또는 정비기반시설 등 토지이용 현황 등을 고려하여 대통령령으로 정하는 비율 이상 건축할 수 없는 불가피한 사정이 있다고 인정하는 경우에는 그러하지 아니하다.

라. 소규모재개발사업: 역세권 또는 준공업지역에서 소규모로 주거환경 또는 도시환경을 개선하기 위한 사업

4. "사업시행구역"이란 빈집정비사업 또는 소규모주택정비사업을 시행하는 구역을 말한다.

5. "사업시행자"란 빈집정비사업 또는 소규모주택정비사업을 시행하는 자를 말한다.

6. "토지등소유자"란 다음 각 목에서 정하는 자를 말한다. 다만, 「자본시장과 금융투자업에 관한 법률」 제8조제7항에 따른 신탁업자(이하 "신탁업자"라 한다)가 사업시행자로 지정된 경우 토지등소유자

가 소규모주택정비사업을 목적으로 신탁업자에게 신탁한 토지 또는 건축물에 대하여는 위탁자를 토지등소유자로 본다.

가. 자율주택정비사업, 가로주택정비사업 또는 소규모재개발사업은 사업시행구역에 위치한 토지 또는 건축물의 소유자, 해당 토지의 지상권자

나. 소규모재건축사업은 사업시행구역에 위치한 건축물 및 그 부속토지의 소유자

7. "주민합의체"란 제22조에 따라 토지등소유자가 소규모주택정비사업을 시행하기 위하여 결성하는 협의체를 말한다.

8. "빈집밀집구역"이란 빈집이 밀집한 지역을 관리하기 위하여 제4조제5항에 따라 지정·고시된 구역을 말한다.

9. "소규모주택정비 관리지역"(이하 "관리지역"이라 한다)이란 노후·불량건축물에 해당하는 단독주택 및 공동주택과 신축 건축물이 혼재하여 광역적 개발이 곤란한 지역에서 정비기반시설과 공동이용시설의 확충을 통하여 소규모주택정비사업을 계획적·효율적으로 추진하기 위하여 제43조의2에 따라 소규모주택정비 관리계획이 승인·고시된 지역을 말한다.

② 이 법에서 따로 정의하지 아니한 용어는 「도시 및 주거환경정비법」에서 정하는 바에 따른다.

제3조(다른 법률과의 관계) ① 이 법은 빈집정비사업 및 소규모주택정비사업에 관하여 다른 법률에 우선하여 적용한다.

② 빈집정비사업과 자율주택정비사업에 관하여 「농어촌정비법」 제2조제1호 및 제2호에 따른 농어촌 및 준농어촌에서는 이 법을 적용하지 아니한다. 다만, 「도시재생 활성화 및 지원에 관한 특별법」 제2조제1항제5호에 따른 도시재생활성화지역에서 시행하는 자율주택정비사업에 관해서는 그러하지 아니하다. 〈개정 2019. 4. 23.〉

제2장 빈집정비사업

제1절 빈집정비계획의 수립 등

제4조(빈집정비계획의 수립) ① 시장·군수등은 빈집을 효율적으로 정비 또는 활용하기 위하여 다음 각 호의 사항을 포함하는 빈집정비에 관한 계획(이하 "빈집정비계획"이라 한다)을 5년마다 수립·시행하여야 한다. 다만, 국토교통부장관이 요청하거나 시장·군수등이 필요하다고 인정하는 때에는 빈집정비계획 수립 후 1년마다 해당 계획의 타당성을 재검토할 수 있다. 〈개정 2019. 4. 23., 2021. 4. 13.〉

1. 빈집정비의 기본방향
2. 빈집정비사업의 추진계획 및 시행방법
3. 빈집정비사업에 필요한 재원조달계획
4. 빈집의 매입 및 활용에 관한 사항
5. 그 밖에 빈집정비를 위하여 필요한 사항으로서 대통령령으로 정하는 사항

② 시장·군수등은 제1항에 따라 빈집정비계획을 수립하는 경우에는 14일 이상 지역 주민에게 공람하여 의견을 수렴하여야 하고 「국토의 계획 및 이용에 관한 법률」 제113조제1항 및 제2항에 따라 특별자치시·특별자치도·시·군·구(자치구를 말한다. 이하 같다)에 설치하는 도시계획위원회(이하 "지방도시계획위원회"라 한다)의 심의를 거쳐야 한다.

③ 빈집정비계획을 변경하는 경우에는 제2항을 준용한다. 다만, 대통령령으로 정하는 경미한 사항을 변경하는 경우에는 그러하지 아니하다.

④ 시장·군수등은 빈집정비계획을 수립하거나 변경한 경우에는 지체 없이 해당 지방자치단체의 공보에 고시하여야 하며, 시장·군수 및 자치구의 구청장은 특별시장·광역시장·도지사에게 보고하고, 특별시장·광역시장·특별자치시장·도지사·특별자치도지사(이

하 “시 · 도지사”라 한다)는 국토교통부장관에게 보고하여야 한다. 이 경우 특별시장 · 광역시장 · 도지사는 필요하다고 인정하는 때에는 관할 지방자치단체의 빈집정비계획에 대하여 수정 또는 보완을 요청할 수 있다. 〈개정 2022. 2. 3.〉

⑤ 시장 · 군수등이 빈집정비계획을 수립 또는 변경하는 경우 다음 각 호의 요건을 모두 충족하는 지역을 빈집밀집구역으로 지정할 수 있다. 〈신설 2019. 4. 23.〉

1. 빈집이 증가하고 있거나 빈집 비율이 높은 지역

2. 노후 · 불량건축물이 증가하고 있거나 정비기반시설이 부족하여 주거환경이 열악한 지역

3. 다른 법령에 따른 정비사업을 추진하고 있지 아니한 지역

⑥ 제5항에 따른 빈집밀집구역 지정 요건의 세부기준은 대통령령으로 정한다. 〈신설 2019. 4. 23.〉

⑦ 관할 시 · 도경찰청장 및 시 · 도 소방본부장은 제5항에 따라 지정된 빈집밀집구역에서의 안전사고 및 범죄 등의 발생을 방지하기 위하여 노력하여야 한다. 〈신설 2019. 4. 23., 2020. 12. 22.〉

⑧ 빈집정비계획의 수립 기준 · 절차 및 방법 등에 필요한 사항은 대통령령으로 정한다. 〈개정 2019. 4. 23.〉

제5조(빈집등 실태조사) ① 시장 · 군수등은 빈집이나 빈집으로 추정되는 주택(이하 “빈집등”이라 한다)에 대하여 다음 각 호의 사항에 관한 조사(이하 “실태조사”라 한다)를 5년마다 실시하여야 한다. 다만, 국토교통부장관이 요청하거나 시장 · 군수등이 필요하다고 인정하는 경우에는 시장 · 군수등이 수시로 실태조사를 실시할 수 있다. 〈개정 2021. 4. 13.〉

1. 빈집 여부의 확인

2. 빈집의 관리 현황 및 방치기간

3. 빈집 소유권 등의 권리관계 현황

4. 빈집 및 그 대지에 설치된 시설 또는 인공구조물 등의 현황

5. 그 밖에 빈집 발생 사유 등 대통령령으로 정하는 사항

② 시장·군수등은 대통령령으로 정하는 전문기관을 지정하여 실태조사를 대행하게 할 수 있다.

③ 시장·군수등 또는 제2항에 따른 전문기관의 장은 실태조사를 위하여 빈집 소유자 및 이해관계자에게 필요한 자료의 제출을 요청할 수 있다.

④ 시장·군수등은 제1항에 따라 실태조사를 실시하는 경우 빈집의 상태 및 위해성 등 대통령령으로 정하는 기준에 따라 빈집의 등급을 산정하여야 한다. 〈신설 2021. 4. 13.〉

⑤ 실태조사의 방법·절차 등에 필요한 사항은 대통령령으로 정한다. 〈개정 2021. 4. 13.〉

제6조(빈집등에의 출입) ① 시장·군수등 또는 제5조제2항에 따른 전문기관의 장은 실태조사를 위하여 필요한 경우 빈집등 및 그 대지에 출입할 수 있다.

② 시장·군수등 또는 제5조제2항에 따른 전문기관의 장은 제1항에 따라 빈집등 및 그 대지에 출입하는 경우 출입하는 날 7일 전까지 국토교통부령으로 정하는 바에 따라 소유자·점유자 또는 관리인(이하 "소유자등"이라 한다)에게 그 일시와 장소를 알려야 한다. 다만, 소유자등의 부재나 주소불명 등으로 알릴 수 없는 경우에는 지방자치단체의 공보 및 홈페이지에 공고하여야 한다. 〈개정 2021. 4. 13.〉

③ 제1항에 따라 빈집등 및 그 대지에 출입하는 자는 국토교통부령으로 정하는 바에 따라 그 권한을 표시하는 증표를 지니고 이를 관계인에게 내보여야 한다. 〈개정 2019. 8. 20.〉

제7조(빈집등에의 출입에 따른 손실보상) ① 시장·군수등은 제6조제1항에 따른 빈집등 및 그 대지에의 출입으로 손실을 입은 자가

있으면 그 손실을 보상하여야 한다.

② 시장·군수등은 제1항에 따른 손실을 입은 자와 협의하여 보상하여야 한다.

③ 시장·군수등 또는 제1항에 따른 손실을 입은 자는 제2항에 따른 협의가 성립되지 아니하거나 협의를 할 수 없는 경우에는 「공익사업을 위한 토지 등의 취득 및 보상에 관한 법률」 제49조에 따라 설치되는 관할 토지수용위원회에 재결을 신청할 수 있다. 〈개정 2019. 8. 20.〉

④ 제3항에 따른 관할 토지수용위원회의 재결에 관하여는 「공익사업을 위한 토지 등의 취득 및 보상에 관한 법률」 제83조부터 제87조까지를 준용한다.

제8조(빈집등에 관한 자료 또는 정보의 이용 및 요청) ① 시장·군수등 또는 제5조제2항에 따른 전문기관의 장은 실태조사를 위하여 필요하다고 인정하는 경우에는 다음 각 호의 자료 또는 정보를 수집·이용할 수 있다. 〈개정 2023. 4. 18.〉

1. 주민등록 전산정보(주민등록번호·외국인등록번호 등 고유식별번호를 포함한다)
2. 국세·지방세, 수도·전기 요금 부과(고지) 내역
3. 토지 및 건축물대장
4. 그 밖에 등기사항증명서 등 대통령령으로 정하는 자료 또는 정보

② 시장·군수등은 제1항의 목적을 달성하기 위하여 필요한 경우 관계 행정기관의 장 또는 공공기관의 장에게 자료 또는 정보의 제공을 요청할 수 있다. 이 경우 요청을 받은 기관의 장은 특별한 사유가 없으면 이에 따라야 한다.

③ 제1항 및 제2항에 따른 자료 또는 정보 중 개인정보의 보호에 관한 사항은 「개인정보 보호법」에 따른다. 〈개정 2023. 4. 18.〉

④ 제1항 및 제2항에 따른 업무에 종사하거나 종사하였던 자는 업무를 수행하면서 취득한 자료 또는 정보를 이 법에서 정한 목적 외의 다른 용도로 사용하거나 다른 사람 또는 기관에 제공하거나 누설하여서는 아니 된다.

⑤ 국가나 지방자치단체는 제1항 및 제2항에 따라 발급하는 서류에 대해서는 수수료를 부과하지 아니한다. 〈신설 2023. 4. 18.〉

제2절 빈집정비사업의 시행방법 등

제9조(빈집정비사업의 시행방법) 빈집정비사업은 다음 각 호의 어느 하나에 해당하는 방법으로 한다.

1. 빈집의 내부 공간을 칸막이로 구획하거나 벽지·천장재·바닥재 등을 설치하는 방법
2. 빈집을 철거하지 아니하고 개축·증축·대수선하거나 용도변경하는 방법
3. 빈집을 철거하는 방법
4. 빈집을 철거한 후 주택 등 건축물을 건축하거나 정비기반시설 및 공동이용시설 등을 설치하는 방법

제10조(빈집정비사업의 시행자) ① 빈집정비사업은 시장·군수등 또는 빈집 소유자가 직접 시행하거나 다음 각 호에 해당하는 자와 공동으로 시행할 수 있다. 〈개정 2019. 4. 30.〉

1. 「한국토지주택공사법」에 따라 설립된 한국토지주택공사 또는 「지방공기업법」에 따라 주택사업을 시행하기 위하여 설립된 지방공사(이하 "토지주택공사등"이라 한다)
2. 「건설산업기본법」 제9조에 따른 건설사업자(이하 "건설업자"라 한다)
3. 「주택법」 제7조제1항에 따라 건설업자로 보는 등록사업자(이하 "등록사업자"라 한다)

4. 「부동산투자회사법」 제2조제1호에 따른 부동산투자회사(이하 "부동산투자회사"라 한다)

5. 「사회적기업 육성법」 제2조제1호에 따른 사회적기업, 「협동조합 기본법」 제15조에 따라 설립신고된 협동조합, 「민법」 제32조에 따른 비영리법인 및 「공익법인의 설립·운영에 관한 법률」 제4조에 따라 설립허가된 공익법인

② 시장·군수등은 제1항에도 불구하고 제9조제1호, 제2호 또는 제4호의 방법으로 시행하는 빈집정비사업으로서 빈집 소유자가 요청하거나 빈집정비사업을 효율적으로 시행하기 위하여 필요한 경우에는 제1항 각 호의 어느 하나에 해당하는 자를 사업시행자로 지정하여 해당 빈집정비사업을 시행하게 할 수 있다.

③ 시장·군수등은 빈집정비사업(제11조제2항에 따라 직권으로 빈집을 철거하는 경우는 제외한다)을 시행하는 경우에는 국토교통부령으로 정하는 바에 따라 해당 빈집 소유자의 동의를 받아야 한다. 다만, 해당 빈집 소유자의 소재를 알 수 없는 경우에는 제13조에 따른 사업시행계획서의 내용을 해당 지방자치단체의 공보 및 홈페이지에 공고하고, 공고한 날부터 30일이 지난 날까지 해당 빈집 소유자가 의견을 제출하지 아니하면 동의한 것으로 본다.

제11조(빈집의 철거 등) ① 시장·군수등은 빈집이 다음 각 호의 어느 하나에 해당하면 빈집정비계획에서 정하는 바에 따라 해당 빈집 소유자에게 안전조치, 철거 등(이하 "철거등"이라 한다) 필요한 조치를 명할 수 있다. 다만, 빈집정비계획이 수립되어 있지 아니한 경우에는 「건축법」 제4조에 따른 지방건축위원회(이하 "지방건축위원회"라 한다)의 심의를 거쳐 해당 빈집 소유자에게 철거등 필요한 조치를 명할 수 있다. 이 경우 빈집 소유자는 특별한 사유가 없으면 60일 이내에 조치를 이행하여야 한다. 〈개정 2021. 4. 13.〉

1. 붕괴·화재 등 안전사고나 범죄발생의 우려가 높은 경우

2. 위생상 유해 우려가 있는 경우

3. 관리가 적절히 되지 아니하여 현저히 경관을 훼손하고 있는 경우

4. 주변 생활환경 보전을 위하여 방치하기에는 부적절한 경우

② 시장·군수등은 제1항에 따라 빈집의 철거등 필요한 조치를 명한 경우 해당 빈집 소유자가 특별한 사유 없이 따르지 아니하면 대통령령으로 정하는 바에 따라 직권으로 해당 빈집에 대하여 철거등 필요한 조치를 할 수 있다. 〈개정 2021. 4. 13.〉

③ 시장·군수등은 제2항에 따라 철거할 빈집 소유자의 소재를 알 수 없는 경우 그 빈집에 대한 철거명령과 이를 이행하지 아니하면 직권으로 철거한다는 내용을 일간신문 및 홈페이지에 1회 이상 공고하고, 일간신문에 공고한 날부터 60일이 지난 날까지 빈집 소유자가 빈집을 철거하지 아니하면 직권으로 철거할 수 있다.

④ 시장·군수등은 제2항 또는 제3항에 따라 빈집을 철거하는 경우에는 대통령령으로 정하는 정당한 보상비를 빈집 소유자에게 지급하여야 한다. 이 경우 시장·군수등은 보상비에서 철거에 소요된 비용을 빼고 지급할 수 있다.

⑤ 시장·군수등은 다음 각 호의 어느 하나에 해당하는 경우에는 보상비를 공탁하여야 한다.

1. 빈집 소유자가 보상비 수령을 거부하는 경우

2. 빈집 소유자의 소재불명(所在不明)으로 보상비를 지급할 수 없는 경우

3. 압류나 가압류에 의하여 보상비 지급이 금지된 경우

⑥ 시장·군수등은 제2항 또는 제3항에 따라 빈집을 철거한 경우에는 지체 없이 건축물대장을 정리하고, 관할 등기소에 해당 빈집이 이 법에 따라 철거되었다는 취지의 통지를 하고 말소등기를 촉탁하여야 한다.

[제목개정 2021. 4. 13.]

제11조의2(빈집의 매입) ① 시·도지사나 시장·군수등 또는 토지주택공사등은 빈집정비계획에 따라 빈집을 매입하여 정비기반시설, 공동이용시설 또는 임대주택 등으로 활용할 수 있으며, 이 경우 빈집밀집구역에 있는 빈집을 우선하여 매입할 수 있다.

② 빈집 소유자는 관할 시·도지사나 시장·군수등 또는 토지주택공사등에게 빈집의 매수를 요청할 수 있으며, 이 경우 시·도지사나 시장·군수등 또는 토지주택공사등은 요청을 받은 날부터 30일 이내에 빈집 매입 여부를 빈집 소유자에게 통보하여야 한다.

③ 그 밖에 빈집의 매입 방법·절차 등에 관한 사항은 대통령령으로 정한다.

[본조신설 2019. 4. 23.]

제11조의3(빈집에 대한 신고 등) ① 누구든지 빈집을 제11조제1항제1호부터 제4호까지의 어느 하나 이상에 해당되는 빈집으로 인식한 경우 이를 해당 빈집이 소재한 지역의 관할 시장·군수등에게 신고할 수 있다. 이 경우 신고의 절차나 방법 등은 「공익신고자 보호법」을 따른다.

② 시장·군수등이 제1항에 따른 빈집에 대한 신고를 접수한 때에는 대통령령으로 정하는 바에 따라 현장조사를 실시하여야 한다.

③ 시장·군수등은 제1항 및 제2항에 따른 빈집의 소유자등에 대하여 해당 빈집의 위해요소 제거, 정비, 벌목 등 주변 생활환경 보전에 필요한 조치를 대통령령으로 정하는 바에 따라 지도하여야 하며, 그 밖에 행정지도의 방법 등 필요한 사항은 「행정절차법」 제48조부터 제51조까지의 규정에 따른다.

[본조신설 2021. 4. 13.]

제11조의4(빈집의 수용 또는 사용) ① 시장·군수등 또는 토지주택공사등은 공공의 필요에 따라 다음 각 호에 따른 빈집정비사업을

시행하는 경우 사업시행구역 내에 있는 빈집에 대하여 「공익사업을 위한 토지 등의 취득 및 보상에 관한 법률」 제3조에 따른 토지 · 물건 및 권리를 수용 또는 사용할 수 있다.

1. 제9조제1호 및 제2호. 다만, 주택, 정비기반시설 및 공동이용시설 등으로 활용하는 경우로 한정한다.

2. 제9조제4호

② 제1항에 따른 빈집의 수용 또는 사용에 관하여는 이 법에서 특별한 규정이 있는 경우를 제외하고는 「공익사업을 위한 토지 등의 취득 및 보상에 관한 법률」을 준용한다. 다만, 사업의 시행에 따른 손실보상의 기준 및 절차는 대통령령으로 정할 수 있다.

③ 제1항에 따라 제13조제6호에 따른 수용 또는 사용의 대상이 되는 토지 · 물건 및 권리의 세목을 포함하는 사업시행계획인가 고시(시장 · 군수등이 직접 사업을 시행하는 경우에는 사업시행계획서의 고시를 말한다)가 있는 경우에는 「공익사업을 위한 토지 등의 취득 및 보상에 관한 법률」 제20조제1항 및 제22조에 따른 사업인정 및 그 고시가 있는 것으로 본다.

④ 제1항에 따른 수용 또는 사용에 대한 재결의 신청은 「공익사업을 위한 토지 등의 취득 및 보상에 관한 법률」 제23조제1항 및 제28조제1항에도 불구하고 사업시행계획인가(사업시행계획변경인가를 포함한다)를 할 때 정한 사업시행기간 이내에 하여야 한다.

[본조신설 2021. 4. 13.]

제3절 사업시행계획인가 등

제12조(사업시행계획인가) ① 사업시행자(사업시행자가 시장 · 군수등인 경우는 제외한다. 이하 이 조에서 같다)는 제9조제2호 또는 제4호의 방법으로 빈집정비사업을 시행하는 경우 제13조에 따른 사업시행계획서를 작성하여 시장 · 군수등에게 제출하고 사업시행계획인

가를 받아야 한다. 인가받은 사항을 변경하는 경우에도 또한 같다. 다만, 대통령령으로 정하는 경미한 사항을 변경하는 경우에는 시장·군수등에게 신고하여야 한다.

② 시장·군수등은 특별한 사유가 없으면 제1항에 따른 사업시행계획서(사업시행계획서의 변경을 포함한다)가 제출된 날부터 60일 이내에 인가 여부를 결정하여 사업시행자에게 통보하여야 한다.

③ 시장·군수등은 제1항에 따른 사업시행계획인가(시장·군수등이 직접 사업시행계획서를 작성한 경우를 포함한다)를 하거나 변경인가(시장·군수등이 직접 작성한 사업시행계획서를 변경한 경우를 포함한다)를 하는 경우에는 국토교통부령으로 정하는 방법 및 절차에 따라 그 내용을 해당 지방자치단체의 공보에 고시하여야 한다. 다만, 제1항 단서에 따라 경미한 사항을 변경하는 경우에는 그러하지 아니하다.

제13조(사업시행계획서의 작성) 사업시행자는 다음 각 호의 사항을 포함하는 사업시행계획서를 작성하여야 한다. 다만, 제3호 및 제4호는 제9조제4호의 방법으로 빈집정비사업을 시행하는 경우에 한정한다. 〈개정 2021. 1. 12., 2021. 4. 13.〉

1. 사업시행구역 및 그 면적
2. 토지이용계획(건축물배치계획을 포함한다)
3. 정비기반시설 및 공동이용시설의 설치계획
4. 임대주택의 건설계획
5. 건축물의 높이 및 용적률 등에 관한 건축계획
6. 수용 또는 사용할 토지·물건 또는 권리의 세목과 그 소유자 및 권리자의 성명·주소
7. 그 밖에 빈집정비사업 시행을 위하여 필요한 사항으로서 대통령령으로 정하는 바에 따라 특별시·광역시·특별자치시·도·특별자치도 또는 「지방자치법」 제198조에 따른 서울특별시·광역시 및

특별자치시를 제외한 인구 50만 이상 대도시의 조례(이하 "시·도조례"라 한다)로 정하는 사항

제14조(준공인가 및 공사완료 고시) ① 사업시행자(사업시행자가 시장·군수등인 경우는 제외한다)가 제9조제2호 또는 제4호의 방법으로 빈집정비사업의 공사를 완료한 때에는 대통령령으로 정하는 방법 및 절차에 따라 시장·군수등에게 준공인가를 받아야 한다.

② 제1항에 따라 준공인가 신청을 받은 시장·군수등은 지체 없이 준공검사를 실시하여야 하며, 준공검사를 실시한 결과 빈집정비사업이 인가받은 사업시행계획대로 완료되었다고 인정되는 때에는 준공인가를 하고 공사의 완료를 해당 지방자치단체의 공보에 고시하여야 한다.

③ 시장·군수등은 제9조제2호 또는 제4호의 방법으로 직접 시행한 빈집정비사업의 공사를 완료한 때에는 그 완료를 해당 지방자치단체의 공보에 고시하여야 한다.

④ 제2항 및 제3항에 따라 공사완료를 고시하는 경우 시장·군수등이 제55조에 따라 의제되는 인가·허가·승인·신고·협의 또는 동의(이하 "인·허가등"이라 한다)에 따른 준공검사·준공인가·사용검사·사용승인 등(이하 "준공검사·인가등"이라 한다)에 관하여 관계 행정기관의 장과 협의한 사항은 해당 준공검사·인가등을 받은 것으로 본다.

제15조(빈집정보시스템의 구축) ① 시·도지사는 실태조사 결과를 토대로 빈집을 효율적으로 정비하기 위한 정보시스템(이하 "빈집정보시스템"이라 한다)을 구축할 수 있다.

② 빈집정보시스템은 「건축법」 제32조에 따른 전자정보처리 시스템과 연계할 수 있다.

③ 시·도지사는 빈집정보시스템 구축을 위하여 필요한 경우 관계 행정기관의 장 또는 공공기관의 장에게 대통령령으로 정하는 자료

또는 정보의 제공을 요청할 수 있다. 이 경우 요청을 받은 기관의 장은 특별한 사유가 없으면 이에 따라야 한다.

④ 시·도지사는 빈집정보시스템을 대통령령으로 정하는 전문기관이 구축·운영하게 할 수 있다.

⑤ 시·도지사는 안전사고나 범죄발생 등을 예방하기 위하여 필요한 경우에는 빈집정보시스템으로 처리한 빈집정보를 관계 행정기관의 장 또는 공공기관의 장에게 제공할 수 있다. 이 경우 빈집밀집구역에 관련된 정보로서 대통령령으로 정하는 정보는 관할구역의 시·도경찰청장에게 지체 없이 제공하여야 한다. 〈개정 2019. 4. 23., 2020. 12. 22.〉

⑥ 시·도지사는 빈집을 활용하기 위한 목적의 범위에서 빈집의 소유자가 동의한 경우에 한정하여 빈집정보시스템으로 처리한 빈집정보를 인터넷과 그 밖의 방법을 병행하여 공개할 수 있다.

제3장 소규모주택정비사업

제1절 소규모주택정비사업의 시행방법 등

제16조(소규모주택정비사업의 시행방법) ① 자율주택정비사업은 제29조에 따른 사업시행계획인가를 받은 후에 사업시행자가 스스로 주택을 개량 또는 건설하는 방법으로 시행한다.

② 가로주택정비사업은 가로구역의 전부 또는 일부에서 제29조에 따라 인가받은 사업시행계획에 따라 주택 등을 건설하여 공급하거나 보전 또는 개량하는 방법으로 시행한다.

③ 소규모재건축사업은 제29조에 따라 인가받은 사업시행계획에 따라 주택, 부대시설·복리시설 및 오피스텔(「건축법」 제2조제2항에 따른 업무시설 중 오피스텔을 말한다)을 건설하여 공급하는 방법으로 시행한다. 다만, 주택단지에 위치하지 아니한 토지 또는 건축물이 다음 각 호의 어느 하나에 해당하는 경우로서 사업시행상 불가

피한 경우에는 대통령령으로 정하는 편입 면적 내에서 해당 토지 또는 건축물을 포함하여 사업을 시행할 수 있다. 〈개정 2018. 3. 13., 2021. 10. 19.〉

1. 진입도로 등 정비기반시설 및 공동이용시설의 설치에 필요한 토지 또는 건축물

2. 건축행위가 불가능한 토지 또는 건축물

3. 시·도지사가 제27조에 따른 통합심의를 거쳐 부지의 정형화 등을 위하여 필요하다고 인정하는 토지 또는 건축물

④ 소규모재개발사업은 제29조에 따라 인가받은 사업시행계획에 따라 주택 등 건축물을 건설하여 공급하는 방법으로 시행한다. 〈신설 2021. 7. 20.〉

제17조(소규모주택정비사업의 시행자) ① 자율주택정비사업은 2명 이상의 토지등소유자가 직접 시행하거나 다음 각 호의 어느 하나에 해당하는 자와 공동으로 시행할 수 있다.

1. 시장·군수등

2. 토지주택공사등

3. 건설업자

4. 등록사업자

5. 신탁업자

6. 부동산투자회사

② 자율주택정비사업의 시행으로 「공공주택 특별법」 제2조제1호가목에 따른 공공임대주택(이하 "공공임대주택"이라 한다)의 비율(건축물의 전체 연면적 대비 공공임대주택의 연면적의 비율 또는 전체 세대수 대비 공공임대주택의 세대수의 비율을 말한다)이 50퍼센트 이상이 되도록 건설하는 경우에는 제1항에도 불구하고 토지등소유자 1명이 사업을 시행할 수 있으며, 제2조제1항제3호에 따른 지역 외에서도 사업을 시행할 수 있다. 〈개정 2019. 8. 20., 2021. 7. 20.〉

③ 가로주택정비사업, 소규모재건축사업 또는 소규모재개발사업은 다음 각 호의 어느 하나에 해당하는 방법으로 시행할 수 있다. 〈개정 2021. 7. 20.〉

1. 토지등소유자가 20명 미만인 경우에는 토지등소유자가 직접 시행하거나 해당 토지등소유자가 제1항 각 호의 어느 하나에 해당하는 자와 공동으로 시행하는 방법

2. 제23조에 따른 조합이 직접 시행하거나 해당 조합이 조합원의 과반수 동의를 받아 제1항 각 호의 어느 하나에 해당하는 자와 공동으로 시행하는 방법

제17조의2 삭제 〈2023. 4. 18.〉

제18조(소규모주택정비사업의 공공시행자 지정) ① 시장·군수등은 가로주택정비사업, 소규모재건축사업 또는 소규모재개발사업이 다음 각 호의 어느 하나에 해당하는 경우에는 제17조제3항에도 불구하고 직접 해당 사업을 시행하거나 토지주택공사등(토지주택공사등이 건설업자 또는 등록사업자와 공동으로 시행하는 경우를 포함한다. 이하 이 조 및 제20조에서 같다)을 사업시행자로 지정하여 해당 사업을 시행하게 할 수 있다. 〈개정 2021. 7. 20., 2022. 2. 3.〉

1. 천재지변, 「재난 및 안전관리 기본법」 제27조 또는 「시설물의 안전 및 유지관리에 관한 특별법」 제23조에 따른 사용제한·사용금지, 그 밖의 불가피한 사유로 긴급하게 사업을 시행할 필요가 있는 경우

2. 토지등소유자가 제22조에 따른 주민합의체를 신고한 날 또는 조합이 제23조에 따른 조합설립인가를 받은 날부터 3년 이내에 제29조에 따른 사업시행계획인가를 신청하지 아니한 경우

3. 사업이 장기간 지연되거나 권리관계에 대한 분쟁 등으로 해당 조합 또는 토지등소유자가 시행하는 사업을 계속 추진하기 어려운 경우

4. 제54조제4항에 따라 사업시행계획인가가 취소된 경우

5. 사업시행구역의 국유지·공유지 면적 또는 국유지·공유지와 토지주택공사등이 소유한 토지를 합한 면적이 전체 토지면적의 2분의 1 이상으로서 토지등소유자 과반수가 시장·군수등 또는 토지주택공사등을 사업시행자로 지정하는 것에 동의하는 경우

6. 사업시행구역의 토지면적의 2분의 1 이상의 토지소유자와 토지등소유자의 3분의 2 이상에 해당하는 자가 시장·군수등 또는 토지주택공사등을 사업시행자로 지정할 것을 요청한 경우

② 시장·군수등은 제1항에 따라 직접 가로주택정비사업, 소규모재건축사업 또는 소규모재개발사업을 시행하거나 토지주택공사등을 사업시행자로 지정하는 때에는 14일 이상 주민 공람을 거쳐 의견을 수렴하고 사업시행구역 등 대통령령으로 정하는 사항을 해당 지방자치단체의 공보에 고시하여야 한다. 다만, 제1항제1호의 경우에는 토지등소유자에게 지체 없이 사업의 시행 사유·시기 및 방법 등을 통보하여야 한다. 〈개정 2021. 7. 20., 2022. 2. 3.〉

③ 제2항에 따른 사업시행구역에 관한 지형도면 고시 등에 대하여는 「토지이용규제 기본법」 제8조에 따른다. 〈신설 2023. 4. 18.〉

④ 제2항에 따라 사업시행자의 지정·고시가 있은 때에는 그 고시일 다음 날에 주민합의체의 신고 또는 조합설립인가가 취소된 것으로 본다. 〈개정 2023. 4. 18.〉

[제목개정 2021. 7. 20.]

제19조(소규모주택정비사업의 지정개발자 지정) ① 시장·군수등은 가로주택정비사업, 소규모재건축사업 또는 소규모재개발사업의 조합설립을 위하여 제23조에 따른 조합설립 동의요건 이상에 해당하는 자가 대통령령으로 정하는 요건을 갖춘 신탁업자(이하 "지정개발자"라 한다)를 사업시행자로 지정하는 것에 동의하는 때에는 지정개발자를 사업시행자로 지정하여 해당 사업을 시행하게 할 수 있다. 〈개

정 2021. 7. 20.〉

② 시장·군수등은 제1항에 따라 지정개발자를 사업시행자로 지정하는 때에는 14일 이상 주민 공람을 거쳐 의견을 수렴하고 사업시행구역 등 대통령령으로 정하는 사항을 해당 지방자치단체의 공보에 고시하여야 한다. 이 경우 사업시행구역에 관한 지형도면 고시 등에 대하여는 「토지이용규제 기본법」 제8조에 따른다. 〈개정 2022. 2. 3., 2023. 4. 18.〉

③ 지정개발자는 제1항에 따른 사업시행자 지정에 필요한 동의를 받기 전에 다음 각 호에 관한 사항을 토지등소유자에게 제공하여야 한다.

1. 토지등소유자별 분담금 추산액 및 산출근거
2. 그 밖에 추정분담금의 산출 등과 관련하여 시·도조례로 정하는 사항

④ 제2항에 따른 사업시행자의 지정·고시가 있은 때에는 그 고시일 다음 날에 주민합의체의 신고 또는 조합설립인가가 취소된 것으로 본다.

[제목개정 2021. 7. 20.]

제20조(시공자의 선정 등) ① 토지등소유자는 소규모주택정비사업을 시행하는 경우 제22조에 따라 주민합의체를 신고한 후 주민합의서에서 정하는 바에 따라 건설업자 또는 등록사업자를 시공자로 선정하여야 한다.

② 조합은 소규모주택정비사업을 시행하는 경우 조합설립인가를 받은 후 조합 총회(시장·군수등 또는 토지주택공사등과 공동으로 사업을 시행하는 경우에는 조합원의 과반수 동의로 조합 총회 의결을 갈음할 수 있다)에서 국토교통부장관이 정하여 고시하는 경쟁입찰 또는 수의계약(2회 이상 경쟁입찰이 유찰된 경우로 한정한다)의 방법으로 건설업자 또는 등록사업자를 시공자로 선정하여야 한다.

다만, 대통령령으로 정하는 규모 이하의 소규모주택정비사업은 조합총회에서 정관으로 정하는 바에 따라 선정할 수 있다. 〈개정 2020. 8. 18., 2022. 2. 3.〉

③ 사업시행자는 시장·군수등이 제18조제1항에 따라 직접 사업을 시행하거나 토지주택공사등을 사업시행자로 지정하는 경우 또는 제19조제1항에 따라 지정개발자를 사업시행자로 지정하여 사업을 시행하게 하는 경우 제18조제2항 및 제19조제2항에 따른 고시가 있은 후 건설업자 또는 등록사업자를 시공자로 선정하여야 한다.

④ 제25조제2항 또는 제3항에 따른 주민대표회의 또는 토지등소유자 전체회의는 제3항에 따라 시공자를 선정하는 경우 대통령령으로 정하는 경쟁입찰 또는 수의계약(2회 이상 경쟁입찰이 유찰된 경우로 한정한다)의 방법으로 시공자를 추천할 수 있다. 다만, 대통령령으로 정하는 규모 이하의 소규모주택정비사업은 주민대표회의 또는 토지등소유자 전체회의에서 별도로 정하는 바에 따라 선정할 수 있다.

⑤ 사업시행자는 제4항에 따라 주민대표회의 또는 토지등소유자 전체회의가 시공자를 추천한 경우 추천받은 자를 시공자로 선정하여야 한다.

⑥ 다음 각 호의 어느 하나에 해당하는 경우 시공자와의 계약에 관하여는 「지방자치단체를 당사자로 하는 계약에 관한 법률」 제9조 및 「공공기관의 운영에 관한 법률」 제39조를 적용하지 아니한다.

1. 제17조제1항 및 제3항에 따라 시장·군수등 또는 토지주택공사등이 소규모주택정비사업을 공동으로 시행하는 경우

2. 제5항에 따라 주민대표회의 또는 토지등소유자 전체회의가 추천한 시공자를 선정하는 경우

⑦ 사업시행자는 제1항부터 제6항까지에 따라 선정된 시공자와 공사에 관한 계약을 체결하는 때에는 기존 건축물의 철거 공사(「석면안전관리법」에 따른 석면 조사·해체·제거를 포함한다)에 관한

사항을 포함하여야 한다.

⑧ 조합 또는 토지등소유자가 소규모주택정비사업의 시행을 위하여 시장·군수등 또는 토지주택공사등이 아닌 자를 시공자로 선정(제17조제1항 및 제3항에 따른 공동 사업시행자가 시공하는 경우를 포함한다)한 경우 그 시공자는 공사의 시공보증을 위하여 시공보증서를 조합 또는 토지등소유자에게 제출하여야 한다. 〈개정 2020. 6. 9.〉

제21조(정비사업전문관리업자의 등록 및 선정 등) ① 다음 각 호의 사항을 소규모주택정비사업을 시행하려는 자 또는 사업시행자로부터 위탁받거나 이와 관련한 자문을 하려는 자는 「도시 및 주거환경정비법」 제102조제1항에 따라 정비사업전문관리업자(이하 "정비사업전문관리업자"라 한다)로 등록하여야 한다. 다만, 같은 법 제102조제1항 각 호 외의 부분 단서에 따라 정하는 기관의 경우에는 그러하지 아니하다. 〈신설 2023. 4. 18.〉

1. 주민합의체 구성의 동의, 조합설립의 동의 및 소규모주택정비사업의 동의에 관한 업무의 대행
2. 주민합의체 구성의 신고 및 조합설립인가의 신청에 관한 업무의 대행
3. 사업성 검토 및 소규모주택정비사업 시행계획서의 작성
4. 설계자 및 시공자 선정에 관한 업무의 지원
5. 사업시행계획인가의 신청에 관한 업무의 대행
6. 관리처분계획의 수립에 관한 업무의 대행

② 주민합의체는 정비사업전문관리업자를 선정하는 경우 주민합의서로 정하는 바에 따라 선정하여야 한다. 〈개정 2023. 4. 18.〉

③ 조합은 정비사업전문관리업자를 선정하는 경우 조합 총회(시장·군수등 또는 토지주택공사등과 공동으로 사업을 시행하는 경우에는 조합원의 과반수 동의로 조합 총회 의결을 갈음할 수 있다)에서

국토교통부장관이 정하여 고시하는 경쟁입찰 또는 수의계약(2회 이상 경쟁입찰이 유찰된 경우로 한정한다)의 방법으로 선정하여야 한다. 〈개정 2020. 8. 18., 2022. 2. 3., 2023. 4. 18.〉

④ 조합은 설계자 또는 「감정평가 및 감정평가사에 관한 법률」에 따른 감정평가법인등(시장·군수등이 선정·계약하는 감정평가법인등은 제외한다)을 선정 및 변경하는 경우 조합 총회(시장·군수등 또는 토지주택공사등과 공동으로 사업을 시행하는 경우에는 조합원의 과반수 동의로 조합 총회 의결을 갈음할 수 있다)의 의결을 거쳐야 한다. 〈신설 2020. 8. 18., 2023. 4. 18.〉

[제목개정 2020. 8. 18., 2023. 4. 18.]

제2절 주민합의체의 구성 및 조합의 설립

제22조(주민합의체의 구성 등) ① 토지등소유자는 다음 각 호에 따라 소규모주택정비사업을 시행하는 경우 토지등소유자 전원의 합의를 거쳐 주민합의체를 구성하여야 한다.

1. 제17조제1항에 따라 자율주택정비사업을 시행하는 경우로서 토지등소유자가 2명 이상인 경우
2. 제17조제3항제1호에 따라 가로주택정비사업 또는 소규모재건축사업을 시행하는 경우로서 토지등소유자가 20명 미만인 경우

② 제17조제3항제1호에 따라 소규모재개발사업을 시행하는 경우에는 토지등소유자의 10분의 8 이상 및 토지면적의 3분의 2 이상의 토지소유자 동의(국유지·공유지가 포함된 경우에는 해당 토지의 관리청이 해당 토지를 사업시행자에게 매각하거나 양여할 것을 확인한 서류를 시장·군수등에게 제출하는 경우에는 동의한 것으로 본다. 이하 제3항에서 같다)를 받아 주민합의체를 구성하여야 한다. 이 경우 주민합의체의 구성에 동의하지 아니한 토지등소유자도 주민합의체 구성원으로 포함하여야 한다. 〈신설 2021. 7. 20.〉

③ 제1항제1호에도 불구하고 관리지역에서 시행하는 자율주택정비사업의 경우에는 토지등소유자의 10분의 8 이상 및 토지면적의 3분의 2 이상의 토지소유자 동의를 받아 주민합의체를 구성할 수 있다. 이 경우 주민합의체의 구성에 동의하지 아니한 토지등소유자도 주민합의체 구성원으로 포함하여야 한다. 〈신설 2021. 7. 20.〉

④ 사업시행구역의 공동주택은 각 동(복리시설의 경우에는 주택단지의 복리시설 전체를 하나의 동으로 본다)별 구분소유자의 과반수 동의(공동주택의 각 동별 구분소유자가 5명 이하인 경우는 제외한다)를, 그 외의 토지 또는 건축물은 해당 토지 또는 건축물이 소재하는 전체 토지면적의 2분의 1 이상의 토지소유자 동의를 받아야 한다. 〈신설 2021. 7. 20.〉

⑤ 토지등소유자는 주민합의체를 구성하는 경우 토지등소유자 전원의 합의(제2항 및 제3항에 따라 주민합의체를 구성하는 경우에는 토지등소유자의 10분의 8 이상 및 토지면적의 3분의 2 이상의 토지소유자 동의를 말한다)로 주민합의체 대표자를 선임하고 국토교통부령으로 정하는 바에 따라 주민합의서를 작성하여 시장·군수등에게 신고하여야 한다. 〈개정 2021. 7. 20.〉

⑥ 제5항에 따른 주민합의서는 다음 각 호의 사항을 포함하여야 한다. 〈개정 2021. 7. 20.〉

1. 주민합의체의 명칭
2. 사업시행구역의 위치 및 범위
3. 주민합의체의 목적 및 사업 내용
4. 주민합의체를 구성하는 자의 성명, 주소 및 생년월일(법인, 법인 아닌 사단이나 재단 및 외국인의 경우에는 「부동산등기법」 제49조에 따라 부여된 등록번호를 말한다. 이하 같다)
5. 주민합의체 대표자의 성명, 주소 및 생년월일
6. 시공자 또는 정비사업전문관리업자의 선정 및 변경 방법

7. 주민합의체의 의결사항 및 의결방법

8. 그 밖에 주민합의체의 구성 및 운영에 필요한 사항으로서 시·도조례로 정하는 사항

⑦ 주민합의체 대표자는 제5항에 따라 신고한 사항을 변경하는 경우에는 국토교통부령으로 정하는 바에 따라 변경신고를 하여야 한다. 다만, 대통령령으로 정하는 경미한 사항을 변경하는 경우에는 그러하지 아니하다. 〈개정 2021. 7. 20.〉

⑧ 제1항부터 제3항까지에 따라 구성된 주민합의체는 다음 각 호의 요건을 모두 갖춘 때에는 국토교통부령으로 정하는 바에 따라 시장·군수등에게 변경신고를 거쳐 이 법에 따른 소규모주택정비사업으로 전환하여 시행할 수 있다. 〈신설 2023. 4. 18.〉

1. 제29조에 따른 사업시행계획인가를 신청하기 전일 것

2. 시행 중인 사업이 전환하려는 사업에 관하여 제2조제1항제3호에서 정하는 요건을 모두 충족할 것

3. 전환하려는 사업에 관하여 제1항부터 제3항까지에서 정하고 있는 주민합의체 구성을 위한 동의 요건을 충족할 것

⑨ 주민합의체 대표자는 주민합의체를 해산하는 경우에는 주민합의체를 구성하는 자의 과반수 동의를 받아 국토교통부령으로 정하는 바에 따라 해산신고를 시장·군수등에게 하여야 한다. 〈개정 2021. 7. 20., 2023. 4. 18.〉

⑩ 시장·군수등은 제5항에 따라 주민합의체 구성의 신고(제7항 또는 제8항에 따라 신고한 사항을 변경하는 경우를 포함한다)가 있거나 제9항에 따라 해산신고가 있는 때에는 14일 이상 주민 공람을 거쳐 의견을 수렴하고 해당 지방자치단체의 공보에 해당 내용을 고시하여야 한다. 이 경우 사업시행구역에 관한 지형도면 고시 등에 대하여는 「토지이용규제 기본법」 제8조에 따른다. 〈신설 2022. 2. 3., 2023. 4. 18.〉

⑪ 토지등소유자의 자격 등에 관하여는 제24조를 준용한다. 이 경우 “조합설립인가”는 “주민합의체 구성의 신고”로 본다. 〈신설 2021. 7. 20., 2022. 2. 3., 2023. 4. 18.〉

제22조(주민합의체의 구성 등) ① 토지등소유자는 다음 각 호에 따라 소규모주택정비사업을 시행하는 경우 토지등소유자 전원의 합의를 거쳐 주민합의체를 구성하여야 한다. 〈개정 2025. 8. 26.〉

1. 제17조제1항에 따라 자율주택정비사업을 시행하는 경우로서 토지등소유자가 2명 이상 5명 이하인 경우

2. 제17조제3항제1호에 따라 가로주택정비사업 또는 소규모재건축사업을 시행하는 경우로서 토지등소유자가 20명 미만인 경우

② 토지등소유자는 다음 각 호에 따라 소규모주택정비사업을 시행하는 경우에는 토지등소유자의 10분의 8 이상 및 토지면적의 3분의 2 이상의 토지소유자 동의(국유지 · 공유지가 포함된 경우에는 해당 토지의 관리청이 해당 토지를 사업시행자에게 매각하거나 양여할 것을 확인한 서류를 시장 · 군수등에게 제출하는 경우에는 동의한 것으로 본다)를 받아 주민합의체를 구성하여야 한다. 이 경우 주민합의체의 구성에 동의하지 아니한 토지등소유자도 주민합의체 구성원으로 포함하여야 한다. 〈신설 2021. 7. 20., 2025. 8. 26.〉

1. 제17조제1항에 따라 자율주택정비사업을 시행하는 경우로서 토지등소유자가 5명을 초과하는 경우

2. 제17조제3항제1호에 따라 소규모재개발사업을 시행하는 경우

③ 삭제 〈2025. 8. 26.〉

④ 사업시행구역의 공동주택은 각 동(복리시설의 경우에는 주택단지의 복리시설 전체를 하나의 동으로 본다)별 구분소유자의 과반수 동의(공동주택의 각 동별 구분소유자가 5명 이하인 경우는 제외한다)를, 그 외의 토지 또는 건축물은 해당 토지 또는 건축물이 소재하는 전체 토지면적의 2분의 1 이상의 토지소유자 동의를 받아야

한다. 〈신설 2021. 7. 20.〉

⑤ 토지등소유자는 주민합의체를 구성하는 경우 토지등소유자 전원의 합의(제2항에 따라 주민합의체를 구성하는 경우에는 토지등소유자의 10분의 8 이상 및 토지면적의 3분의 2 이상의 토지소유자 동의를 말한다)로 주민합의체 대표자를 선임하고 국토교통부령으로 정하는 바에 따라 주민합의서를 작성하여 시장·군수등에게 신고하여야 한다. 〈개정 2021. 7. 20., 2025. 8. 26.〉

⑥ 제5항에 따른 주민합의서는 다음 각 호의 사항을 포함하여야 한다. 〈개정 2021. 7. 20.〉

1. 주민합의체의 명칭
2. 사업시행구역의 위치 및 범위
3. 주민합의체의 목적 및 사업 내용
4. 주민합의체를 구성하는 자의 성명, 주소 및 생년월일(법인, 법인 아닌 사단이나 재단 및 외국인의 경우에는 「부동산등기법」 제49조에 따라 부여된 등록번호를 말한다. 이하 같다)
5. 주민합의체 대표자의 성명, 주소 및 생년월일
6. 시공자 또는 정비사업전문관리업자의 선정 및 변경 방법
7. 주민합의체의 의결사항 및 의결방법
8. 그 밖에 주민합의체의 구성 및 운영에 필요한 사항으로서 시·도조례로 정하는 사항

⑦ 주민합의체 대표자는 제5항에 따라 신고한 사항을 변경하는 경우에는 국토교통부령으로 정하는 바에 따라 변경신고를 하여야 한다. 다만, 대통령령으로 정하는 경미한 사항을 변경하는 경우에는 그러하지 아니하다. 〈개정 2021. 7. 20.〉

⑧ 제1항 및 제2항에 따라 구성된 주민합의체는 다음 각 호의 요건을 모두 갖춘 때에는 국토교통부령으로 정하는 바에 따라 시장·군수등에게 변경신고를 거쳐 이 법에 따른 소규모주택정비사업으로

전환하여 시행할 수 있다. 〈신설 2023. 4. 18., 2025. 8. 26.〉

1. 제29조에 따른 사업시행계획인가를 신청하기 전일 것

2. 시행 중인 사업이 전환하려는 사업에 관하여 제2조제1항제3호에서 정하는 요건을 모두 충족할 것

3. 전환하려는 사업에 관하여 제1항 및 제2항에서 정하고 있는 주민합의체 구성을 위한 동의 요건을 충족할 것

⑨ 주민합의체 대표자는 주민합의체를 해산하는 경우에는 주민합의체를 구성하는 자의 과반수 동의를 받아 국토교통부령으로 정하는 바에 따라 해산신고를 시장·군수등에게 하여야 한다. 〈개정 2021. 7. 20., 2023. 4. 18.〉

⑩ 시장·군수등은 제5항에 따라 주민합의체 구성의 신고(제7항 또는 제8항에 따라 신고한 사항을 변경하는 경우를 포함한다)가 있거나 제9항에 따라 해산신고가 있는 때에는 14일 이상 주민 공람을 거쳐 의견을 수렴하고 해당 지방자치단체의 공보에 해당 내용을 고시하여야 한다. 이 경우 사업시행구역에 관한 지형도면 고시 등에 대하여는 「토지이용규제 기본법」 제8조에 따른다. 〈신설 2022. 2. 3., 2023. 4. 18.〉

⑪ 토지등소유자의 자격 등에 관하여는 제24조를 준용한다. 이 경우 "조합설립인가"는 "주민합의체 구성의 신고"로 본다. 〈신설 2021. 7. 20., 2022. 2. 3., 2023. 4. 18.〉

[시행일: 2026. 2. 27.] 제22조

제23조(조합설립인가 등) ① 가로주택정비사업의 토지등소유자는 조합을 설립하는 경우 토지등소유자의 10분의 8 이상 및 토지면적의 3분의 2 이상의 토지소유자 동의를 받은 후 조합설립을 위한 창립총회(이하 "창립총회"라 한다)를 개최하고 다음 각 호의 사항을 첨부하여 시장·군수등의 인가를 받아야 한다. 이 경우 사업시행구역의 공동주택은 각 동(복리시설의 경우에는 주택단지의 복리시설 전

체를 하나의 동으로 본다)별 구분소유자의 과반수 동의(공동주택의 각 동별 구분소유자가 5명 이하인 경우는 제외한다)를, 그 외의 토지 또는 건축물은 해당 토지 또는 건축물이 소재하는 전체 토지면적의 2분의 1 이상의 토지소유자 동의를 받아야 한다. 〈개정 2022. 2. 3.〉

1. 정관

2. 공사비 등 소규모주택정비사업에 드는 비용(이하 “정비사업비”라 한다)과 관련된 자료 등 국토교통부령으로 정하는 서류

3. 그 밖에 시 · 도조례로 정하는 서류

② 소규모재건축사업의 토지등소유자는 조합을 설립하는 경우 주택단지의 공동주택의 각 동(복리시설의 경우에는 주택단지의 복리시설 전체를 하나의 동으로 본다)별 구분소유자의 과반수 동의(공동주택의 각 동별 구분소유자가 5명 이하인 경우는 제외한다)와 주택단지의 전체 구분소유자의 4분의 3 이상 및 토지면적의 4분의 3 이상의 토지소유자 동의를 받은 후 창립총회를 개최하고 제1항 각 호의 사항을 첨부하여 시장 · 군수등의 인가를 받아야 한다. 〈개정 2022. 2. 3.〉

③ 토지등소유자는 제2항에도 불구하고 주택단지가 아닌 지역이 사업시행구역에 포함된 경우 주택단지가 아닌 지역의 토지 또는 건축물 소유자의 4분의 3 이상 및 토지면적의 3분의 2 이상의 토지소유자의 동의를 받아야 한다.

④ 소규모재개발사업의 토지등소유자는 조합을 설립하는 경우 토지등소유자의 10분의 8 이상 및 토지면적의 3분의 2 이상의 토지소유자 동의를 받은 후 창립총회를 개최하고 제1항 각 호의 사항을 첨부하여 시장 · 군수등의 인가를 받아야 한다. 〈신설 2021. 7. 20., 2022. 2. 3.〉

⑤ 제1항 · 제2항 또는 제4항에 따라 설립된 조합은 인가받은 사

항을 변경하는 경우 조합 총회에서 조합원의 3분의 2 이상의 찬성으로 의결한 후 제1항 각 호의 사항을 첨부하여 시장·군수등의 인가를 받아야 한다. 다만, 대통령령으로 정하는 경미한 사항을 변경하는 경우에는 조합 총회의 의결 없이 시장·군수등에게 신고한 후 변경할 수 있다. 〈개정 2021. 7. 20.〉

⑥ 제1항·제2항 및 제4항에 따라 설립된 조합은 다음 각 호의 요건을 모두 갖춘 때에는 제5항에 따라 조합 총회의 의결을 거쳐 시장·군수등의 변경인가를 받아 이 법에 따른 소규모주택정비사업(자율주택정비사업은 제외한다)으로 전환하여 시행할 수 있다. 〈신설 2023. 4. 18.〉

1. 제29조에 따른 사업시행계획인가를 신청하기 전일 것

2. 시행 중인 사업이 전환하려는 사업에 관하여 제2조제1항제3호에서 정하는 요건을 모두 충족할 것

⑦ 조합이 가로주택정비사업, 소규모재건축사업 또는 소규모재개발사업을 시행하는 경우 「주택법」 제54조를 적용할 때에는 해당 조합을 같은 법 제2조제10호에 따른 사업주체로 보며, 조합설립인가를 받은 날에 같은 법 제4조에 따른 주택건설사업 등의 등록을 한 것으로 본다. 〈개정 2021. 7. 20., 2023. 4. 18.〉

⑧ 조합은 법인으로 하며, 조합에는 조합원으로 구성되는 총회를 두고 총회의 소집 절차·시기 등은 정관으로 정한다. 조합에 관하여는 이 법에 규정된 것을 제외하고는 「민법」 중 사단법인에 관한 규정을 준용한다. 〈개정 2021. 7. 20., 2023. 4. 18.〉

⑨ 시장·군수등은 제1항, 제2항 또는 제4항에 따라 조합설립인가(제5항 또는 제6항에 따라 인가받은 사항을 변경하는 경우를 포함한다)를 하는 때에는 14일 이상 주민 공람을 거쳐 의견을 수렴하고 사업시행구역 등 대통령령으로 정하는 사항을 해당 지방자치단체의 공보에 고시하여야 한다. 이 경우 사업시행구역에 관한 지형도면

고시 등에 대하여는 「토지이용규제 기본법」 제8조에 따른다. 〈신설 2022. 2. 3., 2023. 4. 18.〉

⑩ 제1항부터 제6항까지에 따른 토지등소유자에 대한 동의의 대상 및 절차, 창립총회의 방법 및 절차, 조합설립인가 및 그 변경 등에 필요한 사항은 대통령령으로 정한다. 〈개정 2021. 7. 20., 2022. 2. 3., 2023. 4. 18.〉

제23조(조합설립인가 등) ① 가로주택정비사업의 토지등소유자는 조합을 설립하는 경우 토지등소유자의 4분의 3 이상 및 토지면적의 3분의 2 이상의 토지소유자 동의를 받은 후 조합설립을 위한 창립총회(이하 "창립총회"라 한다)를 개최하고 다음 각 호의 사항을 첨부하여 시장·군수등의 인가를 받아야 한다. 이 경우 사업시행구역의 공동주택은 각 동(복리시설의 경우에는 주택단지의 복리시설 전체를 하나의 동으로 본다)별 구분소유자의 과반수 동의(공동주택의 각 동별 구분소유자가 5명 이하인 경우는 제외한다)를, 그 외의 토지 또는 건축물은 해당 토지 또는 건축물이 소재하는 전체 토지면적의 2분의 1 이상의 토지소유자 동의를 받아야 한다. 〈개정 2022. 2. 3., 2025. 8. 26.〉

1. 정관
2. 공사비 등 소규모주택정비사업에 드는 비용(이하 "정비사업비"라 한다)과 관련된 자료 등 국토교통부령으로 정하는 서류
3. 그 밖에 시·도조례로 정하는 서류

② 소규모재건축사업의 토지등소유자는 조합을 설립하는 경우 주택단지의 공동주택의 각 동(복리시설의 경우에는 주택단지의 복리시설 전체를 하나의 동으로 본다)별 구분소유자의 과반수 동의(공동주택의 각 동별 구분소유자가 5명 이하인 경우는 제외한다)와 주택단지의 전체 구분소유자의 10분의 7 이상 및 토지면적의 10분의 7 이상의 토지소유자 동의를 받은 후 창립총회를 개최하고 제1항 각

호의 사항을 첨부하여 시장·군수등의 인가를 받아야 한다. 〈개정 2022. 2. 3., 2025. 8. 26.〉

③ 토지등소유자는 제2항에도 불구하고 주택단지가 아닌 지역이 사업시행구역에 포함된 경우 주택단지가 아닌 지역의 토지 또는 건축물 소유자의 4분의 3 이상 및 토지면적의 3분의 2 이상의 토지소유자의 동의를 받아야 한다.

④ 소규모재개발사업의 토지등소유자는 조합을 설립하는 경우 토지등소유자의 4분의 3 이상 및 토지면적의 3분의 2 이상의 토지소유자 동의를 받은 후 창립총회를 개최하고 제1항 각 호의 사항을 첨부하여 시장·군수등의 인가를 받아야 한다. 〈신설 2021. 7. 20., 2022. 2. 3., 2025. 8. 26.〉

⑤ 제1항·제2항 또는 제4항에 따라 설립된 조합은 인가받은 사항을 변경하는 경우 조합 총회에서 조합원의 3분의 2 이상의 찬성으로 의결한 후 제1항 각 호의 사항을 첨부하여 시장·군수등의 인가를 받아야 한다. 다만, 대통령령으로 정하는 경미한 사항을 변경하는 경우에는 조합 총회의 의결 없이 시장·군수등에게 신고한 후 변경할 수 있다. 〈개정 2021. 7. 20.〉

⑥ 제1항·제2항 및 제4항에 따라 설립된 조합은 다음 각 호의 요건을 모두 갖춘 때에는 제5항에 따라 조합 총회의 의결을 거쳐 시장·군수등의 변경인가를 받아 이 법에 따른 소규모주택정비사업(자율주택정비사업은 제외한다)으로 전환하여 시행할 수 있다. 〈신설 2023. 4. 18.〉

1. 제29조에 따른 사업시행계획인가를 신청하기 전일 것

2. 시행 중인 사업이 전환하려는 사업에 관하여 제2조제1항제3호에서 정하는 요건을 모두 충족할 것

⑦ 조합이 가로주택정비사업, 소규모재건축사업 또는 소규모재개발사업을 시행하는 경우 「주택법」 제54조를 적용할 때에는 해당 조

합을 같은 법 제2조제10호에 따른 사업주체로 보며, 조합설립인가를 받은 날에 같은 법 제4조에 따른 주택건설사업 등의 등록을 한 것으로 본다. 〈개정 2021. 7. 20., 2023. 4. 18.〉

⑧ 조합은 법인으로 하며, 조합에는 조합원으로 구성되는 총회를 두고 총회의 소집 절차·시기 등은 정관으로 정한다. 조합에 관하여는 이 법에 규정된 것을 제외하고는 「민법」 중 사단법인에 관한 규정을 준용한다. 〈개정 2021. 7. 20., 2023. 4. 18.〉

⑨ 시장·군수등은 제1항, 제2항 또는 제4항에 따라 조합설립인가(제5항 또는 제6항에 따라 인가받은 사항을 변경하는 경우를 포함한다)를 하는 때에는 14일 이상 주민 공람을 거쳐 의견을 수렴하고 사업시행구역 등 대통령령으로 정하는 사항을 해당 지방자치단체의 공보에 고시하여야 한다. 이 경우 사업시행구역에 관한 지형도면 고시 등에 대하여는 「토지이용규제 기본법」 제8조에 따른다. 〈신설 2022. 2. 3., 2023. 4. 18.〉

⑩ 제1항부터 제6항까지에 따른 토지등소유자에 대한 동의의 대상 및 절차, 창립총회의 방법 및 절차, 조합설립인가 및 그 변경 등에 필요한 사항은 대통령령으로 정한다. 〈개정 2021. 7. 20., 2022. 2. 3., 2023. 4. 18.〉

[시행일: 2026. 2. 27.] 제23조

제23조의2(조합설립인가의 취소 등) ① 조합이 설립된 사업시행구역에서 조합원 과반수의 동의로 조합의 해산을 요청하는 경우(사업시행계획인가를 신청하지 아니한 경우로 한정한다) 시장·군수등은 조합설립인가를 취소하여야 한다.

② 시장·군수등은 다음 각 호의 어느 하나에 해당하는 경우 업무의 시정, 조합의 해산 등 필요한 조치를 명하거나 조합설립인가를 취소할 수 있다.

1. 제23조에 따른 조합설립인가를 받은 날부터 2년 이내에 제26

조에 따른 건축심의 또는 제27조에 따른 통합심의를 신청하지 아니한 경우

2. 제23조에 따른 조합설립인가를 받은 날부터 3년 이내에 제29조에 따른 사업시행계획인가를 신청하지 아니한 경우

3. 제40조제2항에 따른 이전고시가 있은 날부터 1년이 되는 날까지 제41조에 따른 청산 절차를 이행하지 아니하는 경우

③ 시장·군수등은 제1항 또는 제2항에 따라 조합설립인가를 취소하는 경우에는 그 내용을 해당 지방자치단체의 공보에 고시하여야 한다.

④ 제1항 또는 제2항에 따른 조합설립인가 취소의 절차, 방법 등에 필요한 사항은 대통령령으로 정한다.

[본조신설 2022. 2. 3.]

제23조의3(행위제한 등) ① 소규모주택정비사업의 사업시행구역에서 다음 각 호의 다음 날부터 건축물의 건축, 공작물의 설치, 토지의 형질변경, 토석의 채취, 토지의 분할·합병, 물건을 쌓아놓는 행위 등 그 밖에 대통령령으로 정하는 행위를 하려는 자는 시장·군수등의 허가를 받아야 하고, 허가받은 사항을 변경하려는 경우에도 또한 같다. 다만, 제18조 또는 제19조에 따른 공공시행자 또는 지정개발자의 지정이 취소되거나 제22조제9항에 따라 주민합의체가 해산되는 경우 또는 제23조의2에 따라 조합설립인가가 취소되는 경우에는 그러하지 아니하다. 〈개정 2023. 4. 18.〉

1. 제18조제2항 및 제19조제2항에 따른 공공시행자 및 지정개발자의 지정 고시가 있은 날

2. 제22조제10항에 따른 주민합의체 구성 고시가 있은 날

3. 제23조제9항에 따른 조합설립인가 고시가 있은 날

② 다음 각 호의 어느 하나에 해당하는 행위는 제1항에도 불구하고 허가를 받지 아니하고 할 수 있다.

1. 재해복구 또는 재난수습에 필요한 응급조치를 위한 행위

2. 기존 건축물의 붕괴 등 안전사고의 우려가 있는 경우 해당 건축물에 대한 안전조치를 위한 행위

3. 그 밖에 대통령령으로 정하는 행위

③ 제1항에 따라 허가를 받아야 하는 행위로서 제1항 각 호에 따른 고시 당시 이미 관계 법령에 따라 행위허가를 받았거나 허가를 받을 필요가 없는 행위에 관하여 그 공사 또는 사업에 착수한 자는 대통령령으로 정하는 바에 따라 시장·군수등에게 신고한 후 이를 계속 시행할 수 있다.

④ 시장·군수등은 제1항을 위반한 자에게 원상회복을 명할 수 있다. 이 경우 명령을 받은 자가 그 의무를 이행하지 아니하는 때에는 시장·군수등은 「행정대집행법」에 따라 대집행할 수 있다.

⑤ 제1항에 따른 허가에 관하여 이 법에 규정된 사항을 제외하고는 「국토의 계획 및 이용에 관한 법률」 제57조부터 제60조까지 및 제62조를 준용한다.

⑥ 제1항에 따른 허가를 받은 경우에는 「국토의 계획 및 이용에 관한 법률」 제56조에 따라 허가를 받은 것으로 본다.

[본조신설 2022. 2. 3.]

제24조(조합원의 자격 등) ① 조합원(사업시행자가 신탁업자인 경우에는 위탁자를 말한다. 이하 이 조에서 같다)은 토지등소유자(소규모재건축사업의 경우에는 소규모재건축사업에 동의한 자만 해당한다)로 하되, 다음 각 호의 어느 하나에 해당하는 때에는 그 여러 명을 대표하는 1명을 조합원으로 본다. 〈개정 2022. 2. 3.〉

1. 토지 또는 건축물의 소유권과 지상권이 여러 명의 공유에 속하는 때

2. 여러 명의 토지등소유자가 1세대에 속하는 때. 이 경우 동일한 세대별 주민등록표상에 등재되어 있지 아니한 배우자 및 미혼인 19

세 미만의 직계비속은 1세대로 보며, 1세대로 구성된 여러 명의 토지등소유자가 조합설립인가 후 세대를 분리하여 동일한 세대에 속하지 아니하는 때에도 이혼 및 19세 이상 자녀의 분가(세대별 주민등록을 달리하며 실거주지를 분가한 경우로 한정한다)를 제외하고는 1세대로 본다.

3. 조합설립인가(조합설립인가 전에 제19조제1항에 따라 신탁업자를 사업시행자로 지정한 경우에는 사업시행자의 지정을 말한다. 이하 이 조에서 같다) 후 1명의 토지등소유자로부터 토지 또는 건축물의 소유권이나 지상권을 양수하여 여러 명이 소유하게 된 때

② 「주택법」 제63조제1항에 따른 투기과열지구(이하 "투기과열지구"라 한다)로 지정된 지역에서 가로주택정비사업, 소규모재건축사업 또는 소규모재개발사업을 시행하는 경우 조합설립인가 후 해당 사업의 건축물 또는 토지를 양수(매매·증여 그 밖의 권리의 변동을 수반하는 모든 행위를 포함하되, 상속·이혼으로 인한 양도·양수의 경우는 제외한다. 이하 이 조에서 같다)한 자는 제1항에도 불구하고 조합원이 될 수 없다. 다만, 양도인이 다음 각 호의 어느 하나에 해당하는 경우 그 양도인으로부터 그 건축물 또는 토지를 양수한 자는 그러하지 아니하다. 〈개정 2020. 6. 9., 2021. 7. 20., 2022. 2. 3., 2023. 4. 18.〉

1. 세대원(세대주가 포함된 세대의 구성원을 말한다. 이하 이 조에서 같다)의 근무상 또는 생업상의 사정이나 질병치료(「의료법」 제3조에 따른 의료기관의 장이 1년 이상의 치료나 요양이 필요하다고 인정하는 경우로 한정한다)·취학·결혼으로 세대원 모두 해당 사업시행구역이 위치하지 아니한 특별시·광역시·특별자치시·특별자치도·시 또는 군으로 이전하는 경우

2. 상속으로 취득한 주택으로 세대원 모두 이전하는 경우

3. 세대원 모두 해외로 이주하거나 세대원 모두 2년 이상 해외에

체류하는 경우

4. 1세대(제1항제2호에 따라 1세대에 속하는 때를 말한다) 1주택자로서 양도하는 주택에 대한 소유기간 및 거주기간(「주민등록법」 제7조에 따른 주민등록표를 기준으로 하며, 소유자가 거주하지 아니하고 소유자의 배우자나 직계존비속이 해당 주택에 거주한 경우에는 그 기간을 합산한다)이 대통령령으로 정하는 기간 이상인 경우(소유자가 피상속인으로부터 주택을 상속받아 소유권을 취득한 경우에는 피상속인의 주택의 소유기간 및 거주기간을 합산한다)

5. 그 밖에 불가피한 사정으로 양도하는 경우로서 대통령령으로 정하는 경우

③ 사업시행자는 제2항 각 호 외의 부분 본문에 따라 조합원의 자격을 취득할 수 없는 경우 토지, 건축물 또는 그 밖의 권리를 취득한 자에게 제36조를 준용하여 손실보상을 하여야 한다.

제25조(토지등소유자의 동의방법 등) ① 다음 각 호의 어느 하나에 대한 동의(동의한 사항의 철회를 포함한다)는 서면동의서에 토지등소유자가 성명을 적고 지장(指章)을 날인하는 방법으로 하며, 주민등록증, 여권 등 신원을 확인할 수 있는 신분증명서의 사본을 첨부하여야 한다. 이 경우 제3호에 해당하는 때에는 시장·군수등이 대통령령으로 정하는 방법에 따라 검인(檢印)한 서면동의서를 사용하여야 하며, 검인을 받지 아니한 서면동의서는 그 효력이 발생하지 아니한다. 〈개정 2021. 7. 20., 2022. 2. 3., 2023. 4. 18.〉

1. 제17조제1항 및 제3항 각 호에 따라 토지등소유자가 소규모주택정비사업을 시행하는 경우

1의2. 삭제 〈2023. 4. 18.〉

2. 제18조 및 제19조에 따라 가로주택정비사업·소규모재건축사업·소규모재개발사업의 공공사업시행자 및 지정개발자를 정하는 경우

2의2. 제22조제2항부터 제5항까지에 따라 주민합의체를 구성하는

경우

3. 제23조제1항부터 제5항까지에 따라 조합을 설립하는 경우
4. 제2항에 따라 주민대표회의를 구성하는 경우
5. 제29조제3항에 따라 사업시행계획인가를 신청하는 경우

② 가로주택정비사업, 소규모재건축사업 또는 소규모재개발사업의 토지등소유자는 시장·군수등 또는 토지주택공사등을 사업시행자로 지정하는 경우 주민대표기구(이하 "주민대표회의"라 한다)를 구성하여야 한다. 〈개정 2021. 7. 20.〉

③ 소규모주택정비사업의 토지등소유자는 제19조에 따른 지정개발자가 사업을 시행하는 경우 토지등소유자 전원으로 구성되는 회의(이하 "토지등소유자 전체회의"라 한다)를 구성하여야 한다. 이 경우 지정개발자는 「도시 및 주거환경정비법」 제48조제1항 각 호의 사항에 관하여 토지등소유자 전체회의의 의결을 거쳐야 한다.

④ 제1항에 따른 토지등소유자의 동의자 수 산정 방법 및 절차에 관한 사항은 대통령령으로 정한다. 〈신설 2019. 8. 20.〉

제3절 사업시행계획 등

제26조(건축심의) ① 가로주택정비사업, 소규모재건축사업 또는 소규모재개발사업의 사업시행자(사업시행자가 시장·군수등인 경우는 제외한다)는 제30조에 따른 사업시행계획서를 작성하기 전에 사업시행에 따른 건축물의 높이·층수·용적률 등 대통령령으로 정하는 사항에 대하여 지방건축위원회의 심의를 거쳐야 한다. 〈개정 2021. 7. 20.〉

② 제1항에 따른 사업시행자(시장·군수등 또는 토지주택공사등은 제외한다)는 지방건축위원회의 심의를 신청하기 전에 다음 각 호의 어느 하나에 해당하는 동의 또는 의결을 거쳐야 한다. 〈개정 2020. 8. 18.〉

1. 사업시행자가 토지등소유자인 경우에는 주민합의서에서 정하는 토지등소유자의 동의

2. 사업시행자가 조합인 경우에는 조합 총회(시장 · 군수등 또는 토지주택공사등과 공동으로 사업을 시행하는 경우에는 조합원의 과반수 동의로 조합 총회 의결을 갈음할 수 있다)에서 조합원 과반수의 찬성으로 의결. 다만, 정비사업비가 100분의 10(생산자물가상승률분 및 제36조에 따른 손실보상 금액은 제외한다) 이상 늘어나는 경우에는 조합원 3분의 2 이상의 찬성으로 의결

3. 사업시행자가 지정개발자인 경우에는 토지등소유자의 과반수 동의 및 토지면적 2분의 1 이상의 토지소유자의 동의

제27조(통합심의) ① 시장 · 군수등은 소규모주택정비사업과 관련된 다음 각 호 중 둘 이상의 심의가 필요한 경우에는 이를 통합하여 심의(이하 "통합심의"라 한다)하여야 한다. 다만, 제2호에 따른 도시 · 군관리계획 중 용도지역 · 용도지구를 지정 또는 변경하는 경우 또는 제49조제1항 및 제49조의2제1항 · 제3항에 따라 법적상한용적률까지 건축하거나 제49조의2제4항에 따라 법적상한용적률을 초과하여 건축하는 경우에는 시 · 도지사에게 통합심의를 요청하여야 하며, 시 · 도지사의 통합심의를 거친 경우에는 시장 · 군수등의 통합심의를 거친 것으로 본다. 〈개정 2021. 10. 19., 2023. 4. 18.〉

1. 「건축법」에 따른 건축심의(제26조 및 제48조제1항에 따른 심의를 포함한다)

2. 「국토의 계획 및 이용에 관한 법률」에 따른 도시 · 군관리계획 및 개발행위 관련 사항

3. 그 밖에 시장 · 군수등이 필요하다고 인정하여 통합심의에 부치는 사항

② 사업시행자는 시장 · 군수등이 통합심의를 하는 경우 제1항 각 호와 관련된 서류를 제출하여야 한다. 이 경우 시장 · 군수등은 통합

심의를 효율적으로 처리하기 위하여 제출기한 등을 정할 수 있다.

③ 시장·군수등은 통합심의를 하는 경우 다음 각 호의 어느 하나에 해당하는 위원회의 위원이 포함된 공동위원회를 구성하여야 한다.

1. 지방건축위원회
2. 지방도시계획위원회
3. 제1항제3호에 대하여 심의 권한을 가진 관련 위원회

④ 통합심의를 거친 경우에는 제1항 각 호에 대한 검토·심의·조사·협의·조정 또는 재정을 거친 것으로 본다.

⑤ 통합심의의 신청·방법 및 절차에 관하여는 「주택법」 제18조제3항을 준용한다.

제27조(통합심의) ① 시장·군수등은 소규모주택정비사업과 관련된 다음 각 호 중 둘 이상의 심의가 필요한 경우에는 이를 통합하여 심의(이하 "통합심의"라 한다)하여야 한다. 다만, 제2호에 따른 도시·군관리계획 중 용도지역·용도지구를 지정 또는 변경하는 경우 또는 제49조제1항 및 제49조의2제1항·제3항에 따라 법적상한용적률까지 건축하거나 제49조의2제4항 및 제49조의3에 따라 법적상한용적률을 초과하여 건축하는 경우에는 시·도지사에게 통합심의를 요청하여야 하며, 시·도지사의 통합심의를 거친 경우에는 시장·군수등의 통합심의를 거친 것으로 본다. 〈개정 2021. 10. 19., 2023. 4. 18., 2025. 8. 26.〉

1. 「건축법」에 따른 건축심의(제26조 및 제48조제1항에 따른 심의를 포함한다)
2. 「경관법」 제27조 및 제28조에 따른 경관 심의
3. 「교육환경 보호에 관한 법률」 제6조에 따른 교육환경평가
4. 「국토의 계획 및 이용에 관한 법률」에 따른 도시·군관리계획 및 개발행위 관련 사항
5. 「도시교통정비 촉진법」 제2조제5호에 따른 교통영향평가

6. 「자연재해대책법」 제4조제1항에 따른 재해영향평가등

7. 그 밖에 시장·군수등이 필요하다고 인정하여 통합심의에 부치는 사항

② 사업시행자는 시장·군수등이 통합심의를 하는 경우 제1항 각 호와 관련된 서류를 제출하여야 한다. 이 경우 시장·군수등은 통합심의를 효율적으로 처리하기 위하여 제출기한 등을 정할 수 있다.

③ 시장·군수등은 통합심의를 하는 경우 다음 각 호의 어느 하나에 해당하는 위원회의 위원이 포함된 공동위원회를 구성하여야 한다. 이 경우 공동위원회의 구성에 관한 사항은 대통령령으로 정한다. 〈개정 2025. 8. 26.〉

1. 지방건축위원회

2. 지방도시계획위원회

3. 「경관법」 제29조제1항 본문에 따른 경관위원회(같은 항 단서에 따라 경관위원회의 기능을 대신하여 수행하는 경관과 관련된 위원회를 포함한다)

4. 「교육환경 보호에 관한 법률」 제5조제1항에 따른 시·도교육환경보호위원회

5. 「도시교통정비 촉진법」 제19조에 따른 교통영향평가심의위원회

6. 「자연재해대책법」 제4조제8항에 따른 재해영향평가심의위원회

7. 제1항제7호에 대하여 심의권한을 가진 관련 위원회

④ 통합심의를 거친 경우에는 제1항 각 호에 대한 검토·심의·조사·협의·조정 또는 재정을 거친 것으로 본다.

⑤ 통합심의의 신청·방법 및 절차에 관하여는 「주택법」 제18조제3항을 준용한다.

[시행일: 2026. 2. 27.] 제27조

제28조(분양공고 및 분양신청) ① 가로주택정비사업, 소규모재건축사업 또는 소규모재개발사업의 사업시행자는 제26조에 따른 심의

결과를 통지받은 날부터 90일 이내에 다음 각 호의 사항을 토지등소유자에게 통지하고, 분양의 대상이 되는 대지 또는 건축물의 내역 등 대통령령으로 정하는 사항을 해당 지역에서 발간되는 일간신문에 공고하여야 한다. 〈개정 2021. 7. 20.〉

1. 분양대상자별 종전의 토지 또는 건축물의 명세 및 제26조에 따른 심의 결과를 통지받은 날을 기준으로 한 가격(제26조에 따른 심의 전에 제37조제3항에 따라 철거된 건축물은 시장·군수등에게 허가를 받은 날을 기준으로 한 가격)

2. 분양대상자별 분담금의 추산액

3. 분양신청기간

4. 그 밖에 대통령령으로 정하는 사항

② 제1항제3호에 따른 분양신청기간은 제1항에 따라 토지등소유자에게 통지한 날부터 30일 이상 60일 이내로 하여야 한다. 다만, 사업시행자는 제33조제1항에 따른 관리처분계획의 수립에 지장이 없다고 판단하는 경우에는 분양신청기간을 20일 범위에서 한 차례만 연장할 수 있다.

③ 대지 또는 건축물에 대한 분양을 받으려는 토지등소유자는 제2항에 따른 분양신청기간에 대통령령으로 정하는 방법 및 절차에 따라 분양신청을 하여야 한다.

④ 사업시행자는 제2항에 따른 분양신청기간 종료 후 제29조제1항에 따른 사업시행계획인가의 변경(대통령령으로 정하는 경미한 사항의 변경은 제외한다)으로 세대수 또는 주택규모가 달라지는 경우 제1항부터 제3항까지에 따라 분양공고 등의 절차를 다시 거칠 수 있다.

⑤ 사업시행자는 정관등(「도시 및 주거환경정비법」 제2조제11호에 따른 정관등을 말한다. 이하 같다)에서 정하고 있거나 총회의 의결을 거친 경우 제4항에 따라 제36조제1항제1호 및 제2호에 해당

하는 토지등소유자에게 분양신청을 다시 하게 할 수 있다

제28조의2(소규모재개발사업의 분양받을 권리의 산정 기준일) ① 소규모재개발사업을 통하여 분양받을 건축물이 다음 각 호의 어느 하나에 해당하는 경우에는 제18조제2항, 제19조제2항, 제22조제10항 또는 제23조제9항에 따른 고시가 있은 날 또는 시장·군수등이 투기를 억제하기 위하여 사업시행자의 지정, 주민합의체의 구성 또는 조합설립인가 고시 전에 따로 정하는 날(이하 이 조에서 "기준일"이라 한다)의 다음 날을 기준으로 건축물을 분양받을 권리를 산정한다. 〈개정 2023. 4. 18.〉

1. 1필지의 토지가 여러 개의 필지로 분할되는 경우

2. 단독주택 또는 다가구주택이 다세대주택으로 전환되는 경우

3. 하나의 대지 범위에 속하는 동일인 소유의 토지 및 주택 등 건축물을 토지 및 주택 등 건축물로 각각 분리하여 소유하는 경우

4. 나대지에 건축물을 새로 건축하거나 기존 건축물을 철거하고 다세대주택, 그 밖의 공동주택을 건축하여 토지등소유자의 수가 증가하는 경우

② 시장·군수등은 제1항에 따라 기준일을 따로 정하는 경우에는 기준일, 지정사유, 건축물을 분양받을 권리의 산정기준 등을 해당 지방자치단체의 공보에 고시하여야 한다.

[본조신설 2021. 7. 20.]

제29조(사업시행계획인가) ① 사업시행자(사업시행자가 시장·군수등인 경우는 제외한다)는 소규모주택정비사업을 시행하는 경우에는 제30조에 따른 사업시행계획서(이하 "사업시행계획서"라 한다)에 정관등과 그 밖에 국토교통부령으로 정하는 서류를 첨부하여 시장·군수등에게 제출하고 사업시행계획인가를 받아야 하며, 인가받은 사항을 변경하는 경우에도 또한 같다. 다만, 대통령령으로 정하는 경미한 사항을 변경하는 경우에는 시장·군수등에게 신고하여야 한다.

② 시장·군수등은 특별한 사유가 없으면 제1항에 따른 사업시행계획서(사업시행계획서의 변경을 포함한다)가 제출된 날부터 60일 이내에 인가 여부를 결정하여 사업시행자에게 통보하여야 한다.

③ 사업시행자(시장·군수등 또는 토지주택공사등은 제외한다)는 사업시행계획인가를 신청하기 전에 미리 제26조제2항 각 호의 어느 하나에 해당하는 동의 또는 의결을 거쳐야 하며, 인가받은 사항을 변경하거나 사업을 중지 또는 폐지하는 경우에도 또한 같다. 다만, 제1항 단서에 따른 경미한 사항의 변경은 그러하지 아니하다.

④ 제18조제1항제1호에 따른 사업(이하 "취약주택정비사업"이라 한다)의 사업시행자는 제3항 본문에도 불구하고 토지등소유자의 동의를 받지 아니할 수 있다.

⑤ 시장·군수등은 제1항에 따른 사업시행계획인가(시장·군수등이 사업시행계획서를 작성한 경우를 포함한다)를 하거나 사업을 변경·중지 또는 폐지하는 경우에는 국토교통부령으로 정하는 방법 및 절차에 따라 그 내용을 해당 지방자치단체의 공보에 고시하여야 한다. 다만, 제1항 단서에 따른 경미한 사항을 변경하는 경우에는 그러하지 아니하다.

⑥ 시장·군수등이 사업시행계획인가를 하거나 제30조에 따라 사업시행계획서를 작성하는 경우에는 관계 서류의 사본을 14일 이상 일반인이 공람할 수 있게 하여야 한다. 〈개정 2019. 8. 20.〉

⑦ 토지등소유자, 이해관계인 등은 제6항의 공람 기간 이내에 시장·군수등에게 서면으로 의견을 제출할 수 있다. 〈신설 2019. 8. 20.〉

제30조(사업시행계획서의 작성) ① 사업시행자는 다음 각 호의 사항을 포함하는 사업시행계획서를 작성하여야 한다. 다만, 자율주택정비사업의 경우에는 제1호·제2호·제3호·제6호 및 제7호의 사항으로 한정한다. 〈개정 2021. 7. 20.〉

1. 사업시행구역 및 그 면적

2. 토지이용계획(건축물배치계획을 포함한다)

3. 정비기반시설 및 공동이용시설의 설치계획

4. 임시거주시설을 포함한 주민이주대책

5. 사업시행기간 동안 사업시행구역 내 가로등 설치, 폐쇄회로 텔레비전 설치 등 범죄예방대책

6. 임대주택의 건설계획

7. 건축물의 높이 및 용적률 등에 관한 건축계획(「건축법」 제77조의 4에 따라 건축협정을 체결한 경우 건축협정의 내용을 포함한다)

8. 사업시행과정에서 발생하는 폐기물의 처리계획

9. 정비사업비

10. 분양설계 등 관리처분계획

10의2. 제35조의2에 따라 수용 또는 사용하여 사업을 시행하는 경우 수용 또는 사용할 토지·물건 또는 권리의 세목과 그 소유자 및 권리자의 성명·주소

11. 그 밖에 사업시행을 위한 사항으로서 대통령령으로 정하는 바에 따라 시·도조례로 정하는 사항

② 사업시행자가 제1항에 따른 사업시행계획서에 「공공주택 특별법」 제2조제1호에 따른 공공주택(이하 "공공주택"이라 한다) 건설계획을 포함하는 경우에는 공공주택의 구조·기능 및 설비에 관한 기준과 부대시설·복리시설의 범위, 설치기준 등에 필요한 사항은 「공공주택 특별법」 제37조에 따른다.

제31조(시행규정의 작성) 시장·군수등, 토지주택공사등 또는 지정개발자가 단독으로 소규모주택정비사업을 시행하는 경우 다음 각 호의 사항을 포함하는 시행규정을 작성하여야 한다.

1. 소규모주택정비사업의 종류 및 명칭

2. 소규모주택정비사업의 시행연도 및 시행방법

3. 비용부담 및 회계

4. 토지등소유자의 권리 · 의무

5. 정비기반시설 및 공동이용시설의 부담

6. 공고 · 공람 및 통지의 방법

7. 토지 및 건축물에 관한 권리의 평가방법

8. 관리처분계획 및 청산(분할징수 또는 납입에 관한 사항을 포함한다). 다만, 수용의 방법으로 시행하는 경우에는 제외한다.

9. 시행규정의 변경

10. 사업시행계획서의 변경

11. 대통령령으로 정하는 기준에 따라 사업관리에 필요한 비용의 책정(사업시행자가 시장 · 군수등 및 토지주택공사등인 경우로 한정한다)

12. 토지등소유자 전체회의(지정개발자가 사업시행자인 경우로 한정한다)

제32조(주택의 규모 및 건설비율 등) ① 가로주택정비사업의 사업시행자는 사업시행구역에 있는 기존 단독주택의 호수(戶數)와 공동주택의 세대 수를 합한 수 이상의 주택을 공급하여야 한다. 이 경우 건설하는 건축물의 층수 등은 대통령령으로 정한다.

② 국토교통부장관은 주택수급의 안정과 저소득 주민의 입주기회 확대를 위하여 소규모재건축사업으로 건설하는 주택에 대하여 전체 세대수의 100분의 90 이하로서 대통령령으로 정하는 범위에서 「주택법」 제2조제6호에 따른 국민주택규모의 주택 건설비율을 정하여 고시할 수 있다.

제33조(관리처분계획의 내용 및 수립기준) ① 가로주택정비사업, 소규모재건축사업 또는 소규모재개발사업의 사업시행자는 제28조에 따른 분양신청기간이 종료된 때에는 분양신청의 현황을 기초로 다음 각 호의 사항을 포함하여 제30조제1항제10호에 따른 관리처분계획

을 수립하여야 한다. 〈개정 2021. 7. 20.〉

1. 분양설계

2. 분양대상자의 주소 및 성명

3. 분양대상자별 분양예정인 대지 또는 건축물의 추산액(임대관리위탁주택에 관한 내용을 포함한다)

4. 다음 각 목에 해당하는 보류지 등의 명세와 추산액 및 처분방법

가. 일반 분양분

나. 임대주택

다. 그 밖에 부대시설·복리시설 등

5. 분양대상자별 종전의 토지 또는 건축물 명세 및 제26조에 따른 심의 결과를 받은 날을 기준으로 한 가격(제26조에 따른 심의 전에 제37조제3항에 따라 철거된 건축물은 시장·군수등에게 허가를 받은 날을 기준으로 한 가격)

6. 정비사업비의 추산액(소규모재건축사업의 경우에는 「재건축초과이익 환수에 관한 법률」에 따른 재건축분담금에 관한 사항을 포함한다) 및 그에 따른 조합원 분담규모 및 분담시기

7. 분양대상자의 종전 토지 또는 건축물에 관한 소유권 외의 권리명세

8. 세입자별 손실보상을 위한 권리명세 및 그 평가액(취약주택정비사업의 경우로 한정한다)

9. 그 밖에 소규모주택정비사업과 관련한 권리 등에 관하여 대통령령으로 정하는 사항

② 조합은 제29조제3항 본문에 따른 의결이 필요한 경우 총회 개최일부터 30일 전에 제1항제3호부터 제6호까지에 해당하는 사항을 조합원에게 문서로 통지하여야 한다.

③ 제1항에 따른 관리처분계획의 내용은 다음 각 호의 기준에 따른

다. 〈개정 2018. 3. 20., 2019. 8. 20., 2020. 6. 9., 2023. 6. 9.〉

1. 종전의 토지 또는 건축물의 면적, 이용 상황, 환경, 그 밖의 사항을 종합적으로 고려하여 대지 또는 건축물이 균형 있게 분양신청자에게 배분되고 합리적으로 이용되도록 한다.

2. 지나치게 좁거나 넓은 토지 또는 건축물은 넓히거나 좁혀 대지 또는 건축물이 적정 규모가 되도록 한다.

3. 너무 좁은 토지 또는 건축물이나 다음 각 목에 따라 사업시행구역이 확정된 후 분할된 토지를 취득한 자에게는 현금으로 청산할 수 있다.

가. 제18조에 따른 공공시행자 또는 제19조에 따른 지정개발자의 지정 · 고시

나. 제22조에 따른 주민합의체 구성의 신고

다. 제23조에 따른 조합설립인가

4. 재해상 또는 위생상의 위해를 방지하기 위하여 토지의 규모를 조정할 특별한 필요가 있는 때에는 너무 좁은 토지를 넓혀 토지를 갈음하여 보상을 하거나 건축물의 일부와 그 건축물이 있는 대지의 공유지분을 교부할 수 있다.

5. 분양설계에 관한 계획은 제28조에 따른 분양신청기간이 만료하는 날을 기준으로 하여 수립한다.

6. 1세대 또는 1명이 하나 이상의 주택 또는 토지를 소유한 경우 1주택을 공급하고, 같은 세대에 속하지 아니하는 2명 이상이 1주택 또는 1토지를 공유한 경우에는 1주택만 공급한다.

7. 제6호에도 불구하고 다음 각 목의 경우에는 각 목의 방법에 따라 주택을 공급할 수 있다.

가. 2명 이상이 1토지를 공유한 경우로서 시 · 도조례로 주택공급을 따로 정하고 있는 경우에는 시 · 도조례로 정하는 바에 따라 주택을 공급할 수 있다.

나. 다음 어느 하나에 해당하는 토지등소유자에게는 소유한 주택 수만큼 공급할 수 있다.

1) 「수도권정비계획법」 제6조제1항제1호에 따른 과밀억제권역에 위치하지 아니한 소규모재건축사업의 토지등소유자

2) 근로자(공무원인 근로자를 포함한다) 숙소, 기숙사 용도로 주택을 소유하고 있는 토지등소유자

3) 국가, 지방자치단체 및 토지주택공사등

4) 「지방자치분권 및 지역균형발전에 관한 특별법」 제25조에 따른 공공기관지방이전 및 혁신도시 활성화를 위한 시책 등에 따라 이전하는 공공기관이 소유한 주택을 양수한 자

다. 제1항제5호에 따른 가격의 범위 또는 종전 주택의 주거전용면적의 범위에서 2주택을 공급할 수 있고, 이 중 1주택은 주거전용면적을 60제곱미터 이하로 한다. 다만, 60제곱미터 이하로 공급받은 1주택은 제40조제2항에 따른 이전고시일 다음 날부터 3년이 지나기 전에는 주택을 전매(매매 · 증여나 그 밖에 권리의 변동을 수반하는 모든 행위를 포함하되 상속의 경우는 제외한다)하거나 전매를 알선할 수 없다.

라. 가로주택정비사업의 경우에는 3주택 이하로 한정하되, 다가구주택을 소유한 자에 대하여는 제1항제5호에 따른 가격을 분양주택 중 최소분양단위 규모의 추산액으로 나눈 값(소수점 이하는 버린다)만큼 공급할 수 있다.

마. 「수도권정비계획법」 제6조제1항제1호에 따른 과밀억제권역에서 투기과열지구에 위치하지 아니한 소규모재건축사업의 경우에는 토지등소유자가 소유한 주택수의 범위에서 3주택 이하로 한정하여 공급할 수 있다.

④ 제1항부터 제3항까지에 따른 관리처분계획의 내용 및 수립기준, 관리처분의 방법 등에 필요한 사항은 대통령령으로 정한다.

⑤ 제1항부터 제4항까지는 시장·군수등이 직접 수립하는 관리처분계획에 준용한다.

제34조(사업시행계획인가에 따른 처분 등) ① 가로주택정비사업, 소규모재건축사업 또는 소규모재개발사업의 사업시행자는 사업의 시행으로 조성된 대지 및 건축물을 사업시행계획인가에 따라 처분 또는 관리하여야 한다. 〈개정 2021. 7. 20.〉

② 가로주택정비사업, 소규모재건축사업 또는 소규모재개발사업의 사업시행자는 사업의 시행으로 건설된 건축물을 제29조에 따라 인가된 관리처분계획에 따라 토지등소유자에게 공급하여야 한다. 〈개정 2021. 7. 20.〉

③ 사업시행자는 사업시행구역에 주택을 건설하는 경우 입주자 모집 조건·방법·절차, 입주금(계약금·중도금 및 잔금을 말한다)의 납부 방법·시기·절차, 주택공급 방법·절차 등에 관하여 「주택법」 제54조에도 불구하고 대통령령으로 정하는 범위에서 시장·군수등의 승인을 받아 따로 정할 수 있다.

④ 사업시행자는 제28조에 따른 분양신청을 받은 후 잔여분이 있는 경우에는 정관등 또는 사업시행계획으로 정하는 목적을 위하여 그 잔여분을 보류지(건축물을 포함한다)로 정하거나 조합원 또는 토지등소유자 외의 자에게 분양할 수 있다. 이 경우 분양공고와 분양신청절차 등에 필요한 사항은 대통령령으로 정한다.

⑤ 국토교통부장관, 시장·군수등 또는 토지주택공사등은 「민간임대주택에 관한 특별법」 제2조제4호에 따른 공공지원민간임대주택(이하 "공공지원민간임대주택"이라 한다)이 제39조에 따른 준공인가 및 공사완료의 고시가 있은 날까지 공급대상자에게 공급이 되지 아니한 때에는 해당 임대주택을 인수할 수 있다. 이 경우 임대주택의 인수 절차 및 방법, 인수가격 등에 필요한 사항은 대통령령으로 정한다. 〈개정 2018. 1. 16., 2022. 2. 3.〉

⑥ 사업시행자는 소규모주택정비사업의 시행으로 임대주택을 건설하는 경우 임차인의 자격·선정방법, 임대보증금, 임대료 등 임대조건에 관한 기준 및 무주택 세대주에게 우선 매각하도록 하는 기준 등에 관하여 「민간임대주택에 관한 특별법」 제42조 및 제44조, 「공공주택 특별법」 제48조, 제49조 및 제50조의3에도 불구하고 대통령령으로 정하는 범위에서 시장·군수등의 승인을 받아 따로 정할 수 있다.

⑦ 사업시행자는 제2항부터 제6항까지에 따른 공급대상자에게 주택을 공급하고 남은 주택을 제2항부터 제6항까지에 따른 공급대상자 외의 자에게 공급할 수 있다.

⑧ 제7항에 따른 주택의 공급 방법·절차 등은 「주택법」 제54조를 준용한다. 다만, 사업시행자가 제35조에 따른 매도청구소송을 통하여 법원의 승소판결을 받은 후 입주예정자에게 피해가 없도록 손실보상금을 공탁하고 분양예정인 건축물을 담보한 경우에는 법원의 승소판결이 확정되기 전이라도 「주택법」 제54조에도 불구하고 입주자를 모집할 수 있으나, 제39조에 따른 준공인가 신청 전까지 해당 주택건설 대지의 소유권을 확보하여야 한다.

제4절 사업 시행을 위한 조치 등

제35조(매도청구) ① 가로주택정비사업(제35조의2에 따라 토지·물건 및 권리를 수용 또는 사용할 수 있는 경우는 제외한다) 또는 소규모재건축사업의 사업시행자(토지등소유자가 시행하는 경우는 제외한다)는 제26조에 따른 심의 결과를 받은 날부터 30일 이내에 다음 각 호의 자에게 조합설립 또는 사업시행자의 지정에 동의할 것인지 여부를 회답할 것을 서면으로 촉구하여야 한다. 〈개정 2021. 7. 20.〉

1. 제23조제1항·제2항·제4항 및 제5항에 따른 조합설립에 동의하지 아니한 자

2. 제18조제1항 및 제19조제1항에 따라 시장·군수등, 토지주택공사등 또는 지정개발자 지정에 동의하지 아니한 자

② 제22조제3항에 따라 관리지역에서 시행하는 자율주택정비사업의 사업시행자는 주민합의체 구성에 동의하지 아니한 자에 대하여 주민합의체 구성에 동의할 것인지 여부를 회답할 것을 서면으로 촉구하여야 한다. 〈신설 2021. 7. 20.〉

③ 제1항 또는 제2항의 촉구를 받은 토지등소유자는 촉구를 받은 날부터 60일 이내에 회답하여야 한다. 〈개정 2021. 7. 20.〉

④ 제3항의 기간 내에 회답하지 아니한 토지등소유자는 주민합의체 구성, 조합설립 또는 사업시행자의 지정에 동의하지 아니하겠다는 뜻을 회답한 것으로 본다. 〈개정 2021. 7. 20.〉

⑤ 사업시행자는 제3항에 따른 기간이 만료된 때부터 60일 이내에 주민합의체 구성, 조합설립 또는 사업시행자 지정에 동의하지 아니하겠다는 뜻을 회답한 토지등소유자와 건축물 또는 토지만 소유한 자에게 건축물 또는 토지의 소유권과 그 밖의 권리를 매도할 것을 청구할 수 있다. 〈개정 2021. 7. 20.〉

제35조(매도청구) ① 가로주택정비사업(제35조의2에 따라 토지·물건 및 권리를 수용 또는 사용할 수 있는 경우는 제외한다) 또는 소규모재건축사업의 사업시행자(토지등소유자가 시행하는 경우는 제외한다)는 제26조에 따른 심의 결과를 받은 날부터 30일 이내에 다음 각 호의 자에게 조합설립 또는 사업시행자의 지정에 동의할 것인지 여부를 회답할 것을 서면으로 촉구하여야 한다. 〈개정 2021. 7. 20.〉

1. 제23조제1항·제2항·제4항 및 제5항에 따른 조합설립에 동의하지 아니한 자

2. 제18조제1항 및 제19조제1항에 따라 시장·군수등, 토지주택공사등 또는 지정개발자 지정에 동의하지 아니한 자

② 제22조제2항제1호에 따른 자율주택정비사업의 사업시행자는

주민합의체 구성에 동의하지 아니한 자에 대하여 주민합의체 구성에 동의할 것인지 여부를 회답할 것을 서면으로 촉구하여야 한다. 〈신설 2021. 7. 20., 2025. 8. 26.〉

③ 제1항 또는 제2항의 촉구를 받은 토지등소유자는 촉구를 받은 날부터 60일 이내에 회답하여야 한다. 〈개정 2021. 7. 20.〉

④ 제3항의 기간 내에 회답하지 아니한 토지등소유자는 주민합의체 구성, 조합설립 또는 사업시행자의 지정에 동의하지 아니하겠다는 뜻을 회답한 것으로 본다. 〈개정 2021. 7. 20.〉

⑤ 사업시행자는 제3항에 따른 기간이 만료된 때부터 60일 이내에 주민합의체 구성, 조합설립 또는 사업시행자 지정에 동의하지 아니하겠다는 뜻을 회답한 토지등소유자와 건축물 또는 토지만 소유한 자에게 건축물 또는 토지의 소유권과 그 밖의 권리를 매도할 것을 청구할 수 있다. 〈개정 2021. 7. 20.〉

[시행일: 2026. 2. 27.] 제35조

제35조의2(토지 등의 수용 또는 사용) ① 사업시행자는 소규모재개발사업 또는 가로주택정비사업(시장·군수등 또는 제18조제1항에 따라 공공시행자로 지정된 토지주택공사등이 관리지역에서 시행하는 경우로 한정한다)을 시행하기 위하여 필요한 경우에는 「공익사업을 위한 토지 등의 취득 및 보상에 관한 법률」 제3조에 따른 토지·물건 및 권리를 수용 또는 사용할 수 있다.

② 제1항에 따른 토지·물건 및 권리에 대한 수용·사용 및 손실보상에 관하여는 이 법에 특별한 규정이 있는 경우를 제외하고는 「공익사업을 위한 토지 등의 취득 및 보상에 관한 법률」을 적용한다. 다만, 사업의 시행에 따른 이주대책 수립 등 손실보상의 기준 및 절차는 대통령령으로 정할 수 있다.

③ 제30조제1항제10호의2에 따른 수용 또는 사용의 대상이 되는 토지·물건 및 권리의 세목을 포함하는 사업시행계획인가 고시가 있

는 때에는 「공익사업을 위한 토지 등의 취득 및 보상에 관한 법률」 제20조제1항 및 제22조에 따른 사업인정 및 사업인정의 고시가 있는 것으로 본다.

④ 제1항에 따른 수용 또는 사용에 대한 재결의 신청은 「공익사업을 위한 토지 등의 취득 및 보상에 관한 법률」 제23조제1항 및 제28조제1항에도 불구하고 사업시행계획인가(사업시행계획변경인가를 포함한다)를 할 때 정한 사업시행기간 이내에 하여야 한다.

[본조신설 2021. 7. 20.]

제36조(분양신청을 하지 아니한 자 등에 대한 조치) ① 가로주택정비사업, 소규모재건축사업 또는 소규모재개발사업의 사업시행자는 제29조에 따라 사업시행계획이 인가·고시된 날부터 90일 이내에 다음 각 호에서 정하는 자와 토지, 건축물 또는 그 밖의 권리의 손실보상에 관한 협의를 하여야 한다. 다만, 사업시행자는 분양신청기간 종료일의 다음 날부터 협의를 시작할 수 있다. 〈개정 2022. 2. 3., 2023. 4. 18.〉

1. 분양신청을 하지 아니한 자
2. 분양신청기간 종료 이전에 분양신청을 철회한 자
3. 제29조에 따라 인가된 관리처분계획에 따라 분양대상에서 제외된 자

② 사업시행자는 제1항에 따른 협의가 성립되지 않은 경우에는 그 기간의 만료일 다음 날부터 60일 이내에 수용재결을 신청하거나 제35조에 따른 매도청구소송을 제기하여야 한다.

③ 사업시행자는 제2항에 따른 기간을 넘겨서 수용재결을 신청하거나 매도청구소송을 제기한 경우 대통령령으로 정하는 바에 따라 해당 토지등소유자에게 지연일수(遲延日數)에 따른 이자를 지급하여야 한다.

제37조(건축물 등의 사용·수익의 중지 및 철거 등) ① 종전의 토지

또는 건축물의 소유자 · 지상권자 · 전세권자 · 임차권자 등 권리자는 사업시행계획이 인가된 때에는 제40조에 따른 이전고시가 있는 날까지 종전의 토지 또는 건축물을 사용하거나 수익할 수 없다. 다만, 다음 각 호의 어느 하나에 해당하는 경우에는 그러하지 아니하다.

1. 사업시행자의 동의를 받은 경우

2. 「공익사업을 위한 토지 등의 취득 및 보상에 관한 법률」에 따른 손실보상이 완료되지 않은 경우

② 사업시행자는 제29조에 따른 사업시행계획인가를 받은 후 기존의 건축물을 철거하여야 한다.

③ 사업시행자는 다음 각 호의 어느 하나에 해당하는 경우에는 제2항에도 불구하고 기존 건축물 소유자의 동의 및 시장 · 군수등의 허가를 받아 해당 건축물을 철거할 수 있다. 이 경우 건축물의 철거는 토지등소유자로서의 권리 · 의무에 영향을 주지 아니한다.

1. 「재난 및 안전관리 기본법」, 「주택법」, 「건축법」 등 관계 법령에서 정하는 기존 건축물의 붕괴 등 안전사고의 우려가 있는 경우

2. 폐공가(廢公家)의 밀집으로 범죄발생의 우려가 있는 경우

④ 시장 · 군수등은 사업시행자가 제2항에 따라 기존의 건축물을 철거하는 경우 다음 각 호의 어느 하나에 해당하는 시기에는 건축물의 철거를 제한할 수 있다. 〈개정 2023. 2. 14.〉

1. 일출 전과 일몰 후

2. 호우, 대설, 폭풍해일, 지진해일, 태풍, 강풍, 풍랑, 한파 등으로 해당 지역에 중대한 재해발생이 예상되어 기상청장이 「기상법」 제13조의2에 따라 특보를 발표한 때

3. 「재난 및 안전관리 기본법」 제3조에 따른 재난이 발생한 때

4. 제1호부터 제3호까지에 준하는 시기로 시장 · 군수등이 인정하는 시기

제38조(지상권 등 계약의 해지) ① 소규모주택정비사업의 시행으로

지상권·전세권 또는 임차권의 설정 목적을 달성할 수 없는 때에는 그 권리자는 계약을 해지할 수 있다.

② 제1항에 따라 계약을 해지할 수 있는 자가 가지는 전세금·보증금, 그 밖의 계약상의 금전의 반환청구권은 사업시행자에게 행사할 수 있다.

③ 제2항에 따른 금전의 반환청구권의 행사로 해당 금전을 지급한 사업시행자는 해당 토지등소유자에게 구상할 수 있다.

④ 사업시행자는 제3항에 따른 구상이 되지 아니한 경우에는 해당 토지등소유자에게 귀속될 대지 또는 건축물을 압류할 수 있다. 이 경우 압류한 권리는 저당권과 동일한 효력을 가진다.

⑤ 제29조에 따라 사업시행계획인가를 받은 경우 지상권·전세권 설정계약 또는 임대차계약의 계약기간은 「민법」 제280조·제281조 및 제312조제2항, 「주택임대차보호법」 제4조제1항, 「상가건물 임대차보호법」 제9조제1항을 적용하지 아니한다.

제38조의2(소유자의 확인이 곤란한 건축물 등에 대한 처분) ① 사업시행자는 다음 각 호에서 정하는 날 현재 토지 또는 건축물의 소유자의 소재 확인이 현저히 곤란한 때에는 전국적으로 배포되는 둘 이상의 일간신문에 2회 이상 공고하고, 공고한 날부터 30일 이상이 지난 때에는 그 소유자의 해당 토지 또는 건축물의 감정평가액에 해당하는 금액을 법원에 공탁하고 사업을 시행할 수 있다.

1. 제18조제1항에 따라 시장·군수등 또는 토지주택공사등이 사업을 시행하는 경우에는 같은 조 제2항에 따른 고시일

2. 제19조제1항에 따라 지정개발자를 사업시행자로 지정하는 경우에는 같은 조 제2항에 따른 고시일

3. 제22조제2항 또는 제3항에 따라 시행하는 소규모재개발사업 또는 자율주택정비사업의 경우에는 같은 조 제5항에 따른 주민합의체 구성의 신고일

4. 제23조제1항ㆍ제2항 또는 제4항에 따라 조합이 사업시행자가 되는 경우에는 조합설립인가일

② 조합이 가로주택정비사업, 소규모재건축사업 또는 소규모재개발사업을 시행하는 경우 조합설립인가일 현재 조합원 전체의 공동소유인 토지 또는 건축물은 조합 소유의 토지 또는 건축물로 본다.

③ 제2항에 따라 조합 소유로 보는 토지 또는 건축물의 처분에 관한 사항은 제33조제1항에 따른 관리처분계획에 명시하여야 한다.

④ 제1항에 따른 토지 또는 건축물의 감정평가는 제56조제2항제1호를 준용한다.

[본조신설 2021. 7. 20.]

제38조의2(소유자의 확인이 곤란한 건축물 등에 대한 처분) ① 사업시행자는 다음 각 호에서 정하는 날 현재 토지 또는 건축물의 소유자의 소재 확인이 현저히 곤란한 때에는 전국적으로 배포되는 둘 이상의 일간신문에 2회 이상 공고하고, 공고한 날부터 30일 이상이 지난 때에는 그 소유자의 해당 토지 또는 건축물의 감정평가액에 해당하는 금액을 법원에 공탁하고 사업을 시행할 수 있다. 〈개정 2025. 8. 26.〉

1. 제18조제1항에 따라 시장ㆍ군수등 또는 토지주택공사등이 사업을 시행하는 경우에는 같은 조 제2항에 따른 고시일

2. 제19조제1항에 따라 지정개발자를 사업시행자로 지정하는 경우에는 같은 조 제2항에 따른 고시일

3. 제22조제2항에 따라 시행하는 자율주택정비사업 또는 소규모재개발사업의 경우에는 같은 조 제5항에 따른 주민합의체 구성의 신고일

4. 제23조제1항ㆍ제2항 또는 제4항에 따라 조합이 사업시행자가 되는 경우에는 조합설립인가일

② 조합이 가로주택정비사업, 소규모재건축사업 또는 소규모재개

발사업을 시행하는 경우 조합설립인가일 현재 조합원 전체의 공동소유인 토지 또는 건축물은 조합 소유의 토지 또는 건축물로 본다.

③ 제2항에 따라 조합 소유로 보는 토지 또는 건축물의 처분에 관한 사항은 제33조제1항에 따른 관리처분계획에 명시하여야 한다.

④ 제1항에 따른 토지 또는 건축물의 감정평가는 제56조제2항제1호를 준용한다.

[본조신설 2021. 7. 20.]

[시행일: 2026. 2. 27.] 제38조의2

제5절 공사완료에 따른 조치 등

제39조(준공인가 및 공사완료 고시) ① 시장·군수등이 아닌 사업시행자가 소규모주택정비사업 공사를 완료한 때에는 시장·군수등의 준공인가를 받아야 한다.

② 제1항에 따라 준공인가신청을 받은 시장·군수등은 지체 없이 준공검사를 실시하여야 한다. 이 경우 시장·군수등은 효율적인 준공검사를 위하여 필요한 때에는 관계 행정기관·공공기관·연구기관, 그 밖의 전문기관 또는 단체에 준공검사의 실시를 의뢰할 수 있다.

③ 시장·군수등은 제2항에 따른 준공검사를 실시한 결과 소규모주택정비사업이 인가받은 사업시행계획대로 완료되었다고 인정되는 때에는 준공인가를 하고 그 사실을 해당 지방자치단체의 공보에 고시하여야 한다.

④ 시장·군수등은 직접 시행하는 소규모주택정비사업에 관한 공사가 완료된 때에는 그 사실을 해당 지방자치단체의 공보에 고시하여야 한다.

⑤ 시장·군수등은 제1항에 따른 준공인가를 하기 전이라도 완공된 건축물이 사용에 지장이 없는 등 대통령령으로 정하는 기준에 적합한 경우에는 입주예정자가 완공된 건축물을 사용할 수 있도록

사업시행자에게 허가할 수 있다. 다만, 시장·군수등이 사업시행자인 경우에는 허가를 받지 아니하고 입주예정자가 완공된 건축물을 사용하게 할 수 있다.

⑥ 제3항 및 제4항에 따라 공사완료를 고시하는 경우 시장·군수등이 제55조에 따라 의제되는 인·허가등에 따른 준공검사·인가등에 관하여 관계 행정기관의 장과 협의한 사항은 해당 준공검사·인가등을 받은 것으로 본다.

제40조(이전고시 및 권리변동의 제한 등) ① 사업시행자는 제39조제3항 및 제4항에 따른 고시가 있은 때에는 지체 없이 대지확정측량(제2조제1항제3호에 따른 소규모주택정비사업 중 공급세대 30호 미만의 사업은 제외한다)을 하고 토지의 분할절차를 거쳐 사업시행계획에서 정한 사항을 분양받을 자에게 통지하고 대지 또는 건축물의 소유권을 이전하여야 한다. 다만, 소규모주택정비사업의 효율적인 추진을 위하여 필요한 경우에는 해당 소규모주택정비사업에 관한 공사가 전부 완료되기 전이라도 완공된 부분은 준공인가를 받아 대지 또는 건축물별로 분양받을 자에게 그 소유권을 이전할 수 있다. 〈개정 2023. 4. 18.〉

② 사업시행자는 제1항에 따라 대지 및 건축물의 소유권을 이전하는 때에는 그 내용을 해당 지방자치단체의 공보에 고시한 후 시장·군수등에게 보고하여야 한다. 이 경우 대지 또는 건축물을 분양받을 자는 고시가 있은 날의 다음 날에 그 대지 또는 건축물의 소유권을 취득한다.

③ 사업시행자는 제2항에 따른 이전고시가 있은 때에는 지체 없이 대지 및 건축물에 관한 등기를 지방법원 또는 등기소에 촉탁 또는 신청하여야 한다. 이 경우 등기에 관한 사항은 대법원규칙으로 정한다.

④ 소규모주택정비사업에 관하여 제2항에 따른 이전고시가 있은

날부터 제3항에 따른 등기가 있을 때까지는 저당권 등의 다른 등기를 하지 못한다.

⑤ 소규모주택정비사업의 시행으로 제2항에 따라 취득하는 대지 또는 건축물 중 토지등소유자에게 분양하는 대지 또는 건축물은 「도시개발법」 제40조에 따라 행하여진 환지로 본다. 〈신설 2023. 4. 18.〉

제41조(청산금 등) ① 사업시행자는 대지 또는 건축물을 분양받은 자가 종전에 소유하고 있던 토지 또는 건축물의 가격과 분양받은 대지 또는 건축물의 가격 사이에 차이가 있는 경우 제40조제2항에 따른 이전고시가 있은 후에 그 차액에 상당하는 금액(이하 "청산금"이라 한다)을 분양받은 자로부터 징수하거나 분양받은 자에게 지급하여야 한다.

② 사업시행자는 제1항에도 불구하고 정관등에서 분할징수 및 분할지급을 정하고 있거나 총회의 의결을 거쳐 따로 정한 경우에는 사업시행계획인가 후부터 제40조제2항에 따른 이전고시가 있은 날까지 일정기간별로 분할징수하거나 분할지급할 수 있다.

③ 사업시행자는 제1항 및 제2항을 적용하기 위하여 종전에 소유하고 있던 토지 또는 건축물의 가격과 분양받은 대지 또는 건축물의 가격을 평가하는 경우 그 토지 또는 건축물의 규모, 위치, 용도, 이용 상황 및 정비사업비 등을 참작하여 평가하여야 한다. 〈신설 2022. 2. 3.〉

④ 사업시행구역에 있는 토지 또는 건축물에 저당권을 설정한 권리자는 사업시행자가 저당권이 설정된 토지 또는 건축물의 소유자에게 청산금을 지급하기 전에 압류절차를 거쳐 저당권을 행사할 수 있다. 〈개정 2022. 2. 3.〉

⑤ 제3항에 따른 가격평가의 방법은 제56조제2항제1호를 준용한다. 〈신설 2022. 2. 3.〉

제6절 비용의 부담 등

제42조(비용부담의 원칙 및 비용의 조달) ① 정비사업비는 이 법 또는 다른 법령에 특별한 규정이 있는 경우를 제외하고는 사업시행자가 부담한다.

② 시장·군수등은 시장·군수등이 아닌 사업시행자가 시행하는 소규모주택정비사업의 시행으로 설치되는 다음 각 호의 시설에 대하여는 그 건설에 드는 비용의 전부 또는 일부를 부담할 수 있다. 〈개정 2021. 7. 20.〉

1. 도시·군계획시설 중 대통령령으로 정하는 주요 정비기반시설 및 공동이용시설

2. 제43조제4항에 따른 임시거주시설

③ 사업시행자는 토지등소유자로부터 제1항에 따른 비용과 소규모주택정비사업의 시행과정에서 발생한 수입의 차액을 부과금으로 부과·징수할 수 있다.

④ 토지등소유자가 제3항에 따른 부과금의 납부를 게을리한 경우 사업시행자는 연체료를 부과·징수할 수 있다. 〈개정 2019. 8. 20., 2020. 6. 9.〉

제43조(정비기반시설의 설치 및 토지 등의 귀속 등) ① 시장·군수등은 소규모주택정비사업의 시행으로 정비기반시설 또는 공동이용시설의 확충이 필요하다고 인정하는 경우 직접 설치하거나 사업시행자에게 설치하도록 할 수 있다.

② 시장·군수등 또는 토지주택공사등이 소규모주택정비사업의 시행으로 새로이 정비기반시설을 설치하거나 기존의 정비기반시설에 대체하는 정비기반시설을 설치한 경우에는 「국유재산법」 및 「공유재산 및 물품 관리법」에도 불구하고 종래의 정비기반시설은 사업시행자에게 무상으로 귀속되고, 새로이 설치된 정비기반시설은 그 시설을 관리할 국가 또는 지방자치단체에 무상으로 귀속된다. 〈개정

2021. 7. 20.〉

③ 시장·군수등 또는 토지주택공사등이 아닌 사업시행자가 소규모주택정비사업의 시행으로 새로 설치한 정비기반시설은 그 시설을 관리할 국가 또는 지방자치단체에 무상으로 귀속되고, 소규모주택정비사업의 시행으로 용도가 폐지되는 국가 또는 지방자치단체 소유의 정비기반시설은 사업시행자가 새로 설치한 정비기반시설의 설치 비용에 상당하는 범위에서 그에게 무상으로 양도된다. 이 경우 사업시행자는 용도가 폐지되는 종래의 정비기반시설의 가액과 새로이 설치한 정비기반시설의 설치 비용 사이에 차이가 있는 때에는 그 차액에 상당하는 금액에 대하여 국가 또는 지방자치단체와 정산하여야 한다. 〈신설 2021. 7. 20.〉

④ 시장·군수등 또는 토지주택공사등은 소규모주택정비사업을 시행하는 경우에 사업시행으로 철거되는 주택의 소유자 또는 세입자(사업시행구역에서 실제 거주하는 자로 한정한다)가 임시로 거주할 수 있도록 「주택법」 제54조에도 불구하고 대통령령으로 정하는 방법 및 절차에 따라 자신이 보유한 공공임대주택을 임시거주시설로 사용하도록 우선적으로 공급할 수 있다. 〈개정 2021. 7. 20.〉

[제목개정 2021. 7. 20.]

제7절 소규모주택정비 관리계획 〈신설 2021. 7. 20.〉

제43조의2(소규모주택정비 관리계획의 수립) ① 시장·군수등은 다음 각 호의 어느 하나에 해당하는 경우로서 대통령령으로 정하는 요건을 갖춘 지역에 대하여 소규모주택정비 관리계획(이하 "관리계획"이라 한다)을 수립(변경수립을 포함한다. 이하 이 조, 제43조의4 제1항 및 제50조제2항에서 같다)하여 시·도지사에게 승인을 신청할 수 있다. 이 경우 주민(이해관계자를 포함한다) 또는 토지주택공사등은 국토교통부령으로 정하는 바에 따라 시장·군수등에게 관리

계획의 수립을 제안할 수 있다. 〈개정 2023. 4. 18.〉

1. 노후·불량건축물에 해당하는 단독주택 및 공동주택과 신축 건축물이 혼재하여 광역적 개발이 곤란한 지역에서 노후·불량건축물을 대상으로 소규모주택정비사업이 필요한 경우

2. 빈집밀집구역으로서 안전사고나 범죄발생의 우려가 높아 신속히 소규모주택정비사업을 추진할 필요가 있는 경우

3. 재해 등이 발생할 경우 위해의 우려가 있어 신속히 소규모주택정비사업을 추진할 필요가 있는 경우

② 시장·군수등은 제1항에 따라 관리계획을 수립하려는 경우에는 14일 이상 주민에게 공람하여 의견을 들어야 하며, 제시된 의견이 타당하다고 인정되면 이를 관리계획에 반영하여야 한다. 다만, 대통령령으로 정하는 경미한 사항을 변경하는 경우에는 주민 공람을 거치지 아니할 수 있다. 〈신설 2023. 4. 18.〉

③ 시·도지사가 제1항에 따른 관리계획을 승인하려면 지방도시계획위원회의 심의 또는 「도시재생 활성화 및 지원에 관한 특별법」 제8조에 따른 지방도시재생위원회의 심의(제27조제3항 각 호 중 둘 이상의 심의를 거쳐야 하는 경우에는 통합심의를 말한다)를 거쳐야 한다. 다만, 대통령령으로 정하는 경미한 사항을 변경하는 경우에는 제27조제3항 각 호의 심의를 거치지 아니할 수 있다. 〈개정 2023. 4. 18.〉

④ 시·도지사는 관리계획을 승인한 경우에는 지체 없이 해당 지방자치단체의 공보에 고시하여야 하며, 이를 국토교통부장관에게 보고하여야 한다. 이 경우 관리지역에 관한 지형도면 고시 등에 대하여는 「토지이용규제 기본법」 제8조에 따른다. 〈개정 2023. 4. 18.〉

⑤ 관리계획의 수립과 승인에 필요한 기준·절차 및 방법은 국토교통부장관이 정하여 고시한다. 〈개정 2023. 4. 18.〉

[본조신설 2021. 7. 20.]

제43조의3(소규모주택정비 관리계획의 내용) 관리계획에는 다음 각 호의 사항이 포함되어야 한다. 다만, 제6호부터 제9호까지의 사항은 필요한 경우로 한정한다. 〈개정 2023. 4. 18.〉

1. 관리지역의 규모와 정비방향

2. 토지이용계획, 정비기반시설 · 공동이용시설 설치계획 및 교통계획

3. 소규모주택정비사업에 대한 추진계획

4. 삭제 〈2023. 4. 18.〉

5. 건폐율 · 용적률 등 건축물의 밀도계획

6. 제43조의5 또는 제49조에 따른 임대주택의 공급 및 인수 계획

7. 용도지구 · 용도지역의 지정 및 변경에 관한 계획

8. 「건축법」 제69조에 따른 특별건축구역 및 같은 법 제77조의2에 따른 특별가로구역에 관한 계획

9. 그 밖에 대통령령으로 정하는 사항

[본조신설 2021. 7. 20.]

제43조의4(소규모주택정비 관리지역에 대한 특례) ① 제43조의2제4항에 따라 관리계획의 수립에 대한 승인 · 고시가 있은 경우 해당 관리지역 및 관리계획 중 「국토의 계획 및 이용에 관한 법률」 제52조제1항 각 호의 어느 하나에 해당하는 사항은 같은 법 제50조에 따라 지구단위계획구역 및 지구단위계획으로 결정 · 고시된 것으로 본다. 〈개정 2023. 4. 18.〉

② 관리계획에 제43조의3제7호의 사항이 포함된 경우 관리지역은 관리계획이 고시된 날부터 「국토의 계획 및 이용에 관한 법률」 제36조제1항제1호가목 및 같은 조 제2항에 따라 주거지역을 세분하여 정하는 지역 중 대통령령으로 정하는 지역으로 결정 · 고시된 것으로 본다.

③ 관리지역에서 소규모주택정비사업의 시행으로 건축물 또는 대

지의 일부에 공동이용시설을 설치하는 경우 제48조제2항에도 불구하고 「국토의 계획 및 이용에 관한 법률」 제78조에 따라 해당 지역에 적용되는 용적률에 공동이용시설의 용적률을 더한 범위에서 용적률을 정할 수 있다.

④ 관리지역에서 소규모주택정비사업의 시행으로 건축물을 분양받을 권리에 관하여는 제28조의2를 준용한다. 이 경우 "제18조제2항, 제19조제2항, 제22조제10항 또는 제23조제9항에 따른 고시"는 "제43조의2제4항에 따른 관리계획의 고시"로, "시장·군수등"은 "시·도지사"로, "사업시행자의 지정, 주민합의체의 구성 또는 조합설립인가 고시"는 "관리계획 승인·고시"로 각각 본다. 〈개정 2023. 4. 18.〉

[본조신설 2021. 7. 20.]

제43조의5(관리지역에서의 임대주택의 공급 및 인수) ① 사업시행자는 관리지역에서 소규모주택정비사업의 시행으로 제43조의4제2항에 따라 용도지역이 변경된 경우 변경된 용도지역에서의 용적률에서 종전의 용도지역에서의 특별시·광역시·특별자치시·특별자치도·시 또는 군의 조례(이하 "시·군조례"라 한다)로 정한 용적률을 뺀 용적률의 100분의 50 이하로서 시·도조례로 정하는 비율에 해당하는 면적에 임대주택을 건설하여 시·도지사, 시장·군수등 또는 토지주택공사등에 공급하여야 한다. 이 경우 사업시행자는 건축설계가 확정되기 전에 미리 주택에 관한 사항을 시·도지사, 시장·군수등 또는 토지주택공사등과 협의한 후 이를 사업시행계획서에 반영하여야 한다. 〈개정 2023. 4. 18.〉

② 시장·군수등 또는 토지주택공사등이 관리지역에서 제17조제3항 또는 제18조제1항에 따라 공동 또는 단독으로 소규모주택정비사업을 시행하는 경우 사업시행자는 제1항에도 불구하고 변경된 용도지역에서의 용적률에서 종전의 용도지역의 용적률을 뺀 용적률의

100분의 15 이상 100분의 30 이하의 범위에서 시·도조례로 정하는 비율 이상이 되도록 임대주택을 건설하여야 한다. 〈개정 2023. 4. 18.〉

③ 제1항에 따른 임대주택의 공급가격은 「공공주택 특별법」 제50조의4에 따라 국토교통부장관이 고시하는 공공건설임대주택의 표준건축비로 하며, 부속토지는 시·도지사, 시장·군수등 또는 토지주택공사등에게 기부채납한 것으로 본다.

④ 제1항부터 제3항까지의 규정에 따라 인수된 주택은 대통령령으로 정하는 임대주택으로 활용하여야 한다. 이 경우 주택의 인수를 위한 절차와 방법 등에 필요한 사항은 대통령령으로 정한다.

[본조신설 2021. 7. 20.]

제43조의5(관리지역에서의 임대주택의 공급 및 인수) ① 사업시행자는 관리지역에서 소규모주택정비사업의 시행으로 제43조의4제2항에 따라 용도지역이 변경된 경우 변경된 용도지역에서의 용적률에서 종전의 용도지역에서의 특별시·광역시·특별자치시·특별자치도·시 또는 군의 조례(이하 "시·군조례"라 한다)로 정한 용적률을 뺀 용적률의 100분의 50 이하로서 시·도조례로 정하는 비율에 해당하는 면적에 임대주택을 건설하여 시·도지사, 시장·군수등 또는 토지주택공사등에 공급하여야 한다. 이 경우 사업시행자는 건축설계가 확정되기 전에 미리 주택에 관한 사항을 시·도지사, 시장·군수등 또는 토지주택공사등과 협의한 후 이를 사업시행계획서에 반영하여야 한다. 〈개정 2023. 4. 18.〉

② 시장·군수등 또는 토지주택공사등이 관리지역에서 제17조제3항 또는 제18조제1항에 따라 공동 또는 단독으로 소규모주택정비사업을 시행하는 경우 사업시행자는 제1항에도 불구하고 변경된 용도지역에서의 용적률에서 종전의 용도지역의 용적률을 뺀 용적률의 100분의 15 이상 100분의 30 이하의 범위에서 시·도조례로 정하

는 비율 이상이 되도록 임대주택을 건설하여야 한다. 〈개정 2023. 4. 18.〉

③ 제1항에 따른 임대주택의 공급가격은 「주택법」 제57조제4항에 따라 국토교통부장관이 고시하는 기본형건축비(이하 “기본형건축비”라 한다)의 100분의 50 이상으로서 대통령령으로 정하는 비율로 하며, 부속토지는 시·도지사, 시장·군수등 또는 토지주택공사등에게 기부채납한 것으로 본다. 〈개정 2025. 8. 26.〉

④ 제3항에 따라 임대주택의 공급가격을 산정하는 경우 대통령령으로 정하는 바에 따라 금액을 가산할 수 있다. 〈개정 2025. 8. 26.〉

⑤ 제1항부터 제4항까지에 따라 인수된 주택은 대통령령으로 정하는 임대주택으로 활용하여야 한다. 이 경우 주택의 인수를 위한 절차와 방법, 가격 산정 등에 필요한 사항은 대통령령으로 정한다. 〈신설 2025. 8. 26.〉

[본조신설 2021. 7. 20.]

[시행일: 2026. 2. 27.] 제43조의5

제43조의6(소규모주택정비 관리지역의 해제 등) ① 시·도지사는 다음 각 호의 어느 하나에 해당하는 경우에는 제43조의2제3항에 따른 심의를 거쳐 관리지역을 해제할 수 있다.

1. 소규모주택정비사업의 추진상황으로 보아 관리계획의 수립 목적을 달성하였다고 인정하는 경우

2. 제43조의2제4항에 따라 관리계획을 고시한 날부터 3년 이내에 제18조 또는 제19조에 따른 사업시행자의 지정, 제22조에 따른 주민합의체 구성의 신고 또는 제23조에 따른 조합설립인가의 신청이 없는 경우 등 관리계획의 수립 목적을 달성할 수 없다고 인정하는 경우

3. 시장·군수등이 제2항에 따라 관리지역의 해제를 요청한 경우

② 시장·군수등은 제1항제1호 또는 제2호에 해당하는 경우에는

시·도지사에게 관리지역의 해제를 요청할 수 있다.

③ 제1항에 따라 관리지역을 해제하려는 시·도지사는 제43조의2제3항에 따른 심의 전에 14일 이상 지역 주민에게 공람하여 의견을 수렴하여야 한다.

④ 제1항부터 제3항까지에 따라 관리지역이 해제된 경우 관리계획 결정의 효력은 상실된 것으로 본다.

⑤ 제1항부터 제3항까지에 따라 관리지역을 해제하는 경우 주민합의체 구성, 조합의 설립 또는 사업시행자 지정에 동의한 토지등소유자의 과반수가 해당 소규모주택정비사업을 계속 시행하기를 원하는 사업시행구역에서는 이 법 또는 관계 법률에 따른 종전의 지정·인가·허가·승인·신고·등록·협의·동의·심사 등(이하 이 조에서 "인가등"이라 한다)이 유효한 것으로 본다. 이 경우 시장·군수등 또는 사업시행자는 종전의 인가등을 변경하여야 한다.

⑥ 시·도지사는 제1항부터 제3항까지에 따라 관리지역을 해제한 경우에는 지체 없이 해당 지방자치단체의 공보에 고시하여야 하며, 이를 국토교통부장관에게 보고하여야 한다.

[본조신설 2023. 4. 18.]

제4장 사업 활성화를 위한 지원

제44조(보조 및 융자) ① 국가 또는 시·도지사는 제43조의2제4항에 따라 승인·고시된 관리계획에 따라 시장, 군수, 자치구의 구청장 또는 토지주택공사등이 설치하는 정비기반시설 또는 공동이용시설 설치 비용의 전부 또는 일부를 보조하거나 융자할 수 있다. 〈개정 2023. 4. 18.〉

② 시·도지사, 시장·군수 또는 자치구의 구청장은 시장·군수등이 아닌 사업시행자가 시행하는 빈집정비사업 또는 소규모주택정비사업에 드는 비용의 일부를 보조 또는 출자·융자하거나 융자를 알

선할 수 있다.

③ 시·도지사는 시장, 군수, 자치구의 구청장 또는 토지주택공사등이 시행하는 다음 각 호의 어느 하나에 해당하는 비용의 전부 또는 일부를 보조하거나 융자할 수 있다.

1. 제4조에 따른 빈집정비계획 수립 비용
2. 제5조에 따른 실태조사 비용
3. 제9조에 따른 빈집정비사업 비용
4. 제43조에 따른 정비기반시설 또는 공동이용시설의 설치 비용

[전문개정 2021. 7. 20.]

제44조(보조 및 융자) ① 국가 또는 시·도지사는 제43조의2제4항에 따라 승인·고시된 관리계획에 따라 시장, 군수, 자치구의 구청장 또는 토지주택공사등이 설치하는 정비기반시설 또는 공동이용시설 설치 비용의 전부 또는 일부를 보조하거나 융자할 수 있다. 〈개정 2023. 4. 18.〉

② 시·도지사, 시장·군수 또는 자치구의 구청장은 시장·군수등이 아닌 사업시행자가 시행하는 빈집정비사업 또는 소규모주택정비사업에 드는 비용의 일부를 보조 또는 출자·융자하거나 융자를 알선할 수 있다.

③ 시·도지사는 시장, 군수, 자치구의 구청장 또는 토지주택공사등이 시행하는 다음 각 호의 어느 하나에 해당하는 비용의 전부 또는 일부를 보조하거나 융자할 수 있다. 〈개정 2025. 8. 26.〉

1. 제4조에 따른 빈집정비계획 수립 비용
2. 제5조에 따른 실태조사 비용
3. 제9조에 따른 빈집정비사업 비용
4. 제43조에 따른 정비기반시설 또는 공동이용시설의 설치 비용
5. 제43조의2제1항에 따른 관리계획의 수립 비용

[전문개정 2021. 7. 20.]

[시행일: 2026. 2. 27.] 제44조

제45조(공동이용시설 사용료 등의 감면) ① 지방자치단체의 장은 마을공동체 활성화 등 공익 목적을 위하여 「공유재산 및 물품 관리법」 제20조 및 제28조에 따라 사업시행구역 내 공동이용시설에 대한 사용 허가 또는 대부를 하는 경우 같은 법 제22조 및 제32조에도 불구하고 사용료 또는 대부료를 감면할 수 있다.

② 제1항에 따른 공익 목적의 기준, 사용료 · 대부료 감면 대상 및 그 밖에 필요한 사항은 시 · 도조례로 정한다.

제46조(빈집정비사업에 대한 특례) 빈집정비사업의 사업시행자가 빈집밀집구역 내 빈집을 개축 또는 용도변경하는 경우 해당 빈집이 법령의 제정 · 개정이나 그 밖에 대통령령으로 정하는 사유로 대지나 건축물이 법령에 맞지 아니하더라도 다음 각 호의 기준에 대하여 기존 빈집의 범위에서 지방건축위원회의 심의를 거쳐 그 기준을 완화받을 수 있다. 〈개정 2019. 4. 23.〉

1. 「건축법」 제42조에 따른 대지의 조경기준
2. 「건축법」 제46조에 따른 건축선의 지정
3. 「건축법」 제55조에 따른 건폐율의 산정기준
4. 「건축법」 제56조에 따른 용적률의 산정기준
5. 「건축법」 제58조에 따른 대지 안의 공지기준
6. 「건축법」 제60조 및 제61조에 따른 건축물의 높이 제한
7. 「민법」 제242조에 따른 건축물과 경계선 간의 거리

제47조(정비구역의 행위제한에 관한 특례) 사업시행자는 「도시 및 주거환경정비법」 제19조에도 불구하고 같은 법 제23조제1항제1호의 방법으로 주거환경개선사업을 시행하는 정비구역에서 빈집정비사업 또는 소규모주택정비사업을 시행할 수 있다.

제48조(건축규제의 완화 등에 관한 특례) ① 사업시행자는 자율주택정비사업(「도시재생 활성화 및 지원에 관한 특별법」 제2조제1항제6

호나목에 따른 근린재생형 활성화계획에 따라 시행하거나 빈집밀집구역, 관리지역에서 시행하는 경우 또는 시ㆍ도조례로 정하는 경우로 한정한다), 가로주택정비사업, 소규모재건축사업, 소규모재개발사업 또는 취약주택정비사업의 시행으로 건설하는 건축물에 대하여 다음 각 호의 어느 하나에 해당하는 사항은 대통령령으로 정하는 범위에서 지방건축위원회의 심의를 거쳐 그 기준을 완화받을 수 있다. 〈개정 2019. 4. 23., 2021. 7. 20., 2021. 10. 19.〉

1. 「건축법」 제42조에 따른 대지의 조경기준

2. 「건축법」 제55조에 따른 건폐율의 산정기준(경사지에 위치한 가로구역으로 한정한다)

3. 「건축법」 제58조에 따른 대지 안의 공지기준

4. 「건축법」 제60조 및 제61조에 따른 건축물의 높이 제한

5. 「주택법」 제35조제1항제3호 및 제4호에 따른 부대시설 및 복리시설의 설치기준

6. 제1호부터 제5호까지에서 규정한 사항 외에 사업의 원활한 시행을 위하여 대통령령으로 정하는 사항

② 사업시행자는 소규모주택정비사업 시행구역 내 건축물 또는 대지의 일부에 다음 각 호의 어느 하나에 해당하는 시설을 설치하는 경우에는 「국토의 계획 및 이용에 관한 법률」 제78조에 따라 해당 지역에 적용되는 용적률에 그 시설에 해당하는 용적률을 더한 범위에서 시ㆍ도조례로 정하는 용적률을 적용받을 수 있다. 이 경우 용적률의 산정방법 등에 관한 사항은 대통령령으로 정한다. 〈개정 2019. 4. 23.〉

1. 정비기반시설

2. 공동이용시설

3. 「주택법」 제2조제14호에 따른 복리시설로서 대통령령으로 정하는 공동시설

③ 시장·군수등은 사업시행자가 빈집정비사업 또는 소규모주택정비사업의 시행으로 건설하는 건축물에 대하여 대통령령으로 정하는 범위에서 「주차장법」 제2조제1호에 따른 주차장을 사용할 수 있는 권리(이하 "주차장 사용권"이라 한다)를 확보하는 경우 그에 상응하는 범위에서 주차장 설치기준을 완화할 수 있다. 〈개정 2022. 2. 3.〉

④ 제3항에 따른 주차장 사용권의 확보를 위한 방법 및 절차, 비용의 산정기준 및 감액기준 등에 필요한 사항은 시·도조례로 정한다.

⑤ 사업시행자는 관리지역에서 소규모주택정비사업을 시행하는 경우 대통령령으로 정하는 바에 따라 서로 연접한 사업시행구역을 하나의 사업시행구역으로 통합하여 시행할 수 있다. 이 경우 공공임대주택 또는 공공지원민간임대주택을 임대주택 비율(건축물의 전체 연면적 대비 임대주택 연면적의 비율 또는 전체 세대수 대비 임대주택 세대수의 비율을 의미한다. 이하 제49조에서 같다)이 100분의 20 미만의 범위에서 시·도조례로 정하는 비율 이상이 되도록 공급하여야 한다. 〈신설 2021. 7. 20., 2023. 4. 18.〉

⑥ 제5항에 따라 서로 연접한 사업시행구역을 하나의 사업시행구역으로 통합하여 시행하는 경우에는 제49조제1항에 따른 공공임대주택의 임대주택 비율을 해당 사업시행구역마다 적용하지 아니하고 전체 사업시행구역의 전부 또는 일부를 대상으로 통합하여 적용할 수 있다. 〈신설 2021. 7. 20.〉

제48조(건축규제의 완화 등에 관한 특례) ① 사업시행자는 자율주택정비사업(「도시재생 활성화 및 지원에 관한 특별법」 제2조제1항제6호나목에 따른 근린재생형 활성화계획에 따라 시행하거나 빈집밀집구역, 관리지역에서 시행하는 경우 또는 시·도조례로 정하는 경우로 한정한다), 가로주택정비사업, 소규모재건축사업, 소규모재개발사업 또는 취약주택정비사업의 시행으로 건설하는 건축물에 대하여 다음 각 호의 어느 하나에 해당하는 사항은 대통령령으로 정하는 범위에

서 지방건축위원회의 심의를 거쳐 그 기준을 완화받을 수 있다. 〈개정 2019. 4. 23., 2021. 7. 20., 2021. 10. 19., 2025. 8. 26.〉

1. 「건축법」 제42조에 따른 대지의 조경기준

2. 「건축법」 제55조에 따른 건폐율의 산정기준

3. 「건축법」 제58조에 따른 대지 안의 공지기준

4. 「건축법」 제60조 및 제61조에 따른 건축물의 높이 제한

5. 「주택법」 제35조제1항제3호 및 제4호에 따른 부대시설 및 복리시설의 설치기준

6. 제1호부터 제5호까지에서 규정한 사항 외에 사업의 원활한 시행을 위하여 대통령령으로 정하는 사항

② 사업시행자는 소규모주택정비사업 시행구역 내 건축물 또는 대지의 일부에 다음 각 호의 어느 하나에 해당하는 시설을 설치하는 경우에는 「국토의 계획 및 이용에 관한 법률」 제78조에 따라 해당 지역에 적용되는 용적률에 그 시설에 해당하는 용적률을 더한 범위에서 시·도조례로 정하는 용적률을 적용받을 수 있다. 이 경우 용적률의 산정방법 등에 관한 사항은 대통령령으로 정한다. 〈개정 2019. 4. 23.〉

1. 정비기반시설

2. 공동이용시설

3. 「주택법」 제2조제14호에 따른 복리시설로서 대통령령으로 정하는 공동시설

③ 시장·군수등은 사업시행자가 빈집정비사업 또는 소규모주택정비사업의 시행으로 건설하는 건축물에 대하여 대통령령으로 정하는 범위에서 「주차장법」 제2조제1호에 따른 주차장을 사용할 수 있는 권리(이하 "주차장 사용권"이라 한다)를 확보하는 경우 그에 상응하는 범위에서 주차장 설치기준을 완화할 수 있다. 〈개정 2022. 2. 3.〉

④ 제3항에 따른 주차장 사용권의 확보를 위한 방법 및 절차, 비용

의 산정기준 및 감액기준 등에 필요한 사항은 시·도조례로 정한다.

⑤ 사업시행자는 관리지역에서 소규모주택정비사업을 시행하는 경우 대통령령으로 정하는 바에 따라 서로 연접한 사업시행구역을 하나의 사업시행구역으로 통합하여 시행할 수 있다. 이 경우 공공임대주택 또는 공공지원민간임대주택을 임대주택 비율(건축물의 전체 연면적 대비 임대주택 연면적의 비율 또는 전체 세대수 대비 임대주택 세대수의 비율을 의미한다. 이하 제49조에서 같다)이 100분의 20 미만의 범위에서 시·도조례로 정하는 비율 이상이 되도록 공급하여야 한다. 〈신설 2021. 7. 20., 2023. 4. 18.〉

⑥ 제5항에 따라 서로 연접한 사업시행구역을 하나의 사업시행구역으로 통합하여 시행하는 경우에는 제49조제1항에 따른 공공임대주택의 임대주택 비율을 해당 사업시행구역마다 적용하지 아니하고 전체 사업시행구역의 전부 또는 일부를 대상으로 통합하여 적용할 수 있다. 〈신설 2021. 7. 20.〉

⑦ 제5항에 따라 서로 연접한 소규모주택정비사업을 하나의 사업으로 통합하여 시행하는 경우 각 소규모주택정비사업의 대상 지역 면적을 합한 전체 면적은 제2조제1항제3호 각 목에 규정된 개별 사업구역의 면적을 초과할 수 없다. 〈신설 2025. 8. 26.〉

[시행일: 2026. 2. 27.] 제48조

제49조(임대주택 건설에 따른 특례) ① 사업시행자는 빈집정비사업 또는 소규모주택정비사업의 시행으로 다음 각 호와 같이 임대주택을 건설하는 경우 「국토의 계획 및 이용에 관한 법률」 제78조에 따라 시·군조례로 정한 용적률에도 불구하고 다음 각 호에 따른 용적률의 상한까지 건축할 수 있다. 〈개정 2018. 1. 16., 2019. 4. 23., 2020. 8. 18., 2021. 7. 20., 2021. 10. 19., 2022. 2. 3., 2023. 4. 18.〉

1. 공공임대주택 또는 공공지원민간임대주택을 임대주택 비율이

100분의 20 이상의 범위에서 시·도조례로 정하는 비율 이상이 되도록 건설하는 경우: 「국토의 계획 및 이용에 관한 법률」 제78조 및 관계 법령에 따른 용적률의 상한(이하 "법적상한용적률"이라 한다)

2. 공공임대주택을 임대주택 비율이 100분의 10 이상 100분의 20 미만이 되도록 건설하는 경우: 임대주택 비율에 비례하여 시·도조례로 정하는 방법에 따라 산정된 용적률의 상한

② 사업시행자가 공공임대주택을 임대주택 비율이 100분의 10 이상이 되도록 건설하고 제1항에 따라 용적률을 완화받은 경우 그 공공임대주택을 국토교통부장관, 시·도지사, 시장·군수등, 토지주택공사등 또는 주택도시기금이 총지분의 100분의 50을 초과하여 출자한 「부동산투자회사법」에 따른 부동산투자회사(이하 이 조에서 "인수자"라 한다)에 공급하여야 한다. 〈신설 2019. 4. 23., 2020. 8. 18., 2022. 2. 3., 2023. 4. 18.〉

③ 사업시행자는 다음 각 호의 어느 하나에 해당하는 경우 건축설계가 확정되기 전에 미리 세대면적, 세대수 등 임대주택에 관한 사항을 인수자와 협의한 후 이를 사업시행계획서에 반영하여야 한다. 〈신설 2019. 4. 23., 2022. 2. 3.〉

1. 공공임대주택을 건설하는 경우
2. 제2항에 따라 공공임대주택을 공급하는 경우

④ 제2항에 따른 공공임대주택의 인수가격은 건축비와 부속토지의 가격을 합한 금액을 기초로 산정하되, 사업여건 등을 고려하여 사업시행자와 인수자 간 협의로써 조정할 수 있다. 〈신설 2019. 4. 23., 2020. 6. 9., 2022. 2. 3.〉

⑤ 제2항에 따른 공공임대주택의 공급 방법·절차, 제4항에 따른 건축비의 산정 및 부속토지의 가격 등에 관한 사항은 대통령령으로 정한다. 〈신설 2019. 4. 23., 2022. 2. 3.〉

⑥ 시장·군수등은 사업시행자가 제51조제1항에 따른 임대주택을 다세대주택이나 다가구주택으로 건설하는 경우 주차장 설치기준에 관하여 「주택법」 제35조에도 불구하고 대통령령으로 정하는 기준을 적용할 수 있다. 〈개정 2019. 4. 23., 2022. 2. 3.〉

⑦ 삭제 〈2023. 4. 18.〉

⑧ 삭제 〈2023. 4. 18.〉

⑨ 삭제 〈2023. 4. 18.〉

⑩ 삭제 〈2023. 4. 18.〉

제49조의2(소규모재개발사업 및 소규모재건축사업의 용적률 등에 관한 특례) ① 제2조제1항제3호라목에 따른 역세권에서 시행하는 소규모재개발사업의 사업시행구역은 제29조에 따른 사업시행계획인가가 있은 날부터 「국토의 계획 및 이용에 관한 법률」 제36조제1항제1호가목 및 같은 조 제2항에 따라 주거지역을 세분하여 정하는 지역 중 대통령령으로 정하는 지역으로 결정·고시된 것으로 보아 법적상한용적률까지 용적률을 정할 수 있으며, 이 경우 제27조에 따른 통합심의를 거쳐야 한다. 다만, 시장·군수등이 지역여건 등을 고려하여 시·도조례에서 정하는 바에 따라 해당 사업시행구역의 일부를 종전 용도지역으로 그대로 유지하는 내용으로 사업시행자의 지정, 주민합의체의 구성 또는 조합설립인가 고시를 한 경우에는 그러하지 아니하다. 〈개정 2021. 10. 19., 2023. 4. 18.〉

② 소규모재개발사업을 시행하는 사업시행자는 제1항에 따른 용적률이 「국토의 계획 및 이용에 관한 법률」 제78조에 따라 시·군조례로 정한 용적률(용도지역이 변경된 경우 종전의 용도지역의 용적률을 말한다)을 초과한 경우 그 초과한 용적률의 100분의 50 이하로서 시·도조례로 정하는 비율에 해당하는 면적에 대통령령으로 정하는 주택 등 건축물을 건설하여 시·도지사, 시장·군수등 또는 토지주택공사등에 공급하여야 한다. 〈개정 2023. 4. 18.〉

③ 제49조제1항에도 불구하고 소규모재건축사업을 시행하는 사업시행자는 「국토의 계획 및 이용에 관한 법률」 제78조에 따라 시·군조례로 정한 용적률에도 불구하고 제27조에 따른 통합심의를 거쳐 법적상한용적률까지 건축할 수 있다. 이 경우 사업시행자(제18조제1항제1호에 따라 소규모재건축사업을 시행하는 경우의 사업시행자는 제외한다)는 시·군조례로 정한 용적률을 초과하는 용적률의 100분의 20 이상 100분의 50 이하로서 시·도조례로 정하는 비율에 해당하는 면적에 국민주택규모 주택을 건설하여 국토교통부장관, 시·도지사, 시장·군수등 또는 토지주택공사등에 공급하여야 한다. 〈신설 2023. 4. 18.〉

④ 공공소규모재건축사업을 시행 또는 대행하는 공공시행자등은 법적상한용적률에도 불구하고 제27조에 따른 통합심의를 거쳐 법적상한용적률의 100분의 120까지 건축할 수 있다. 〈신설 2023. 4. 18.〉

⑤ 공공시행자등은 제4항에 따라 법적상한용적률을 초과하여 건축하는 경우 그 초과한 용적률의 100분의 20 이상 100분의 50 이하로서 시·도조례로 정하는 비율에 해당하는 면적에 국민주택규모 주택을 건설하여 국토교통부장관, 시·도지사, 시장·군수등 또는 토지주택공사등에 공급하여야 한다. 다만, 제18조제1항제1호에 따라 공공소규모재건축사업을 시행하는 경우에는 그러하지 아니하다. 〈신설 2023. 4. 18.〉

⑥ 사업시행자는 제2항부터 제5항까지에 따라 「국토의 계획 및 이용에 관한 법률」 제78조에 따른 시·군조례로 정한 용적률을 초과하여 건축하려는 경우에는 건축설계가 확정되기 전에 미리 주택 등 건축물에 관한 사항을 시·도지사, 시장·군수등 또는 토지주택공사등과 협의한 후 이를 사업시행계획서에 반영하여야 한다. 〈신설 2023. 4. 18.〉

⑦ 제2항, 제3항 또는 제5항에 따른 주택 등의 공급가격은 「공공주택 특별법」 제50조의4에 따라 국토교통부장관이 고시하는 공공건설임대주택의 표준건축비로 하며, 부속토지는 시·도지사, 시장·군수등 또는 토지주택공사등에게 기부채납한 것으로 본다. 〈개정 2023. 4. 18.〉

⑧ 제2항, 제3항, 제5항 및 제7항에 따라 인수된 주택 등은 대통령령으로 정하는 임대주택 등으로 활용하여야 한다. 이 경우 주택 등의 인수를 위한 절차와 방법 등에 필요한 사항은 대통령령으로 정한다. 〈개정 2023. 4. 18.〉

[본조신설 2021. 7. 20.]

[제목개정 2023. 4. 18.]

제49조의2(자율주택정비사업, 소규모재개발사업 및 소규모재건축사업의 용적률 등에 관한 특례) ① 제2조제1항제3호라목에 따른 역세권에서 시행하는 소규모재개발사업의 사업시행구역은 제29조에 따른 사업시행계획인가가 있은 날부터 「국토의 계획 및 이용에 관한 법률」 제36조제1항제1호가목 및 같은 조 제2항에 따라 주거지역을 세분하여 정하는 지역 중 대통령령으로 정하는 지역으로 결정·고시된 것으로 보아 법적상한용적률까지 용적률을 정할 수 있으며, 이 경우 제27조에 따른 통합심의를 거쳐야 한다. 다만, 시장·군수등이 지역 여건 등을 고려하여 시·도조례에서 정하는 바에 따라 해당 사업시행구역의 일부를 종전 용도지역으로 그대로 유지하는 내용으로 사업시행자의 지정, 주민합의체의 구성 또는 조합설립인가 고시를 한 경우에는 그러하지 아니하다. 〈개정 2021. 10. 19., 2023. 4. 18.〉

② 소규모재개발사업을 시행하는 사업시행자는 제1항에 따른 용적률이 「국토의 계획 및 이용에 관한 법률」 제78조에 따라 시·군조례로 정한 용적률(용도지역이 변경된 경우 종전의 용도지역의 용적률을 말한다)을 초과한 경우 그 초과한 용적률의 100분의 50 이

하로서 시·도조례로 정하는 비율에 해당하는 면적에 대통령령으로 정하는 주택 등 건축물을 건설하여 시·도지사, 시장·군수등 또는 토지주택공사등에 공급하여야 한다. 〈개정 2023. 4. 18.〉

③ 제49조제1항에도 불구하고 소규모재건축사업을 시행하는 사업시행자는 「국토의 계획 및 이용에 관한 법률」 제78조에 따라 시·군조례로 정한 용적률에도 불구하고 제27조에 따른 통합심의를 거쳐 법적상한용적률까지 건축할 수 있다. 이 경우 사업시행자(제18조제1항제1호에 따라 소규모재건축사업을 시행하는 경우의 사업시행자는 제외한다)는 시·군조례로 정한 용적률을 초과하는 용적률의 100분의 20 이상 100분의 50 이하로서 시·도조례로 정하는 비율에 해당하는 면적에 국민주택규모 주택을 건설하여 국토교통부장관, 시·도지사, 시장·군수등 또는 토지주택공사등에 공급하여야 한다. 〈신설 2023. 4. 18.〉

④ 자율주택정비사업의 사업시행자 또는 공공소규모재건축사업을 시행 또는 대행하는 공공시행자등은 법적상한용적률에도 불구하고 제27조에 따른 통합심의를 거쳐 법적상한용적률의 100분의 120까지 건축할 수 있다. 〈신설 2023. 4. 18., 2025. 8. 26.〉

⑤ 자율주택정비사업의 사업시행자 또는 공공시행자등은 제4항에 따라 법적상한용적률을 초과하여 건축하는 경우 그 초과한 용적률의 100분의 20 이상 100분의 50 이하로서 시·도조례로 정하는 비율에 해당하는 면적에 국민주택규모 주택을 건설하여 국토교통부장관, 시·도지사, 시장·군수등 또는 토지주택공사등에 공급하여야 한다. 다만, 제18조제1항제1호에 따라 공공소규모재건축사업을 시행하는 경우에는 그러하지 아니하다. 〈신설 2023. 4. 18., 2025. 8. 26.〉

⑥ 사업시행자는 제2항부터 제5항까지에 따라 「국토의 계획 및 이용에 관한 법률」 제78조에 따른 시·군조례로 정한 용적률을 초과하여 건축하려는 경우에는 건축설계가 확정되기 전에 미리 주택

등 건축물에 관한 사항을 시ㆍ도지사, 시장ㆍ군수등 또는 토지주택공사등과 협의한 후 이를 사업시행계획서에 반영하여야 한다. 〈신설 2023. 4. 18.〉

⑦ 제2항, 제3항 또는 제5항에 따른 주택 등의 공급가격은 기본형건축비의 100분의 50 이상으로서 대통령령으로 정하는 비율로 하며, 부속토지는 시ㆍ도지사, 시장ㆍ군수등 또는 토지주택공사등에게 기부채납한 것으로 본다. 〈개정 2023. 4. 18., 2025. 8. 26.〉

⑧ 제7항에 따라 주택 등의 공급가격을 산정하는 경우 대통령령으로 정하는 바에 따라 금액을 가산할 수 있다. 〈개정 2025. 8. 26.〉

⑨ 제2항, 제3항, 제5항, 제7항 및 제8항에 따라 인수된 주택 등은 대통령령으로 정하는 임대주택 등으로 활용하여야 한다. 이 경우 주택 등의 인수를 위한 절차와 방법, 가격 산정 등에 필요한 사항은 대통령령으로 정한다. 〈신설 2025. 8. 26.〉

[본조신설 2021. 7. 20.]

[제목개정 2025. 8. 26.]

[시행일: 2026. 2. 27.] 제49조의2

제49조의3(정비기반시설 등 제공에 따른 용적률 등에 관한 특례) ① 소규모주택정비사업의 사업시행자는 다음 각 호의 어느 하나에 해당하는 경우에는 대통령령으로 정하는 범위에서 시ㆍ도조례로 정하는 바에 따라 법적상한용적률의 100분의 120까지 건축할 수 있다. 이 경우 제27조에 따른 통합심의를 거쳐야 한다.

1. 시장ㆍ군수등에게 사업시행구역으로부터 거리 등을 고려하여 대통령령으로 정하는 범위 안에 있는 토지를 정비기반시설 또는 공동이용시설 부지로 제공하거나 그 토지에 정비기반시설 또는 공동이용시설을 설치하여 제공하는 경우

2. 시장ㆍ군수등에게 사업시행구역 안에 있는 토지의 일부를 정비기반시설 또는 공동이용시설 부지로 제공하거나 그 토지에 정비기반

시설 또는 공동이용시설을 설치하여 제공하는 경우(빈집의 토지면적이 사업시행구역 전체 면적의 20퍼센트 이상인 경우만 해당한다)

② 소규모주택정비사업을 시행하려는 자는 제1항제1호에 따라 토지를 정비기반시설 또는 공동이용시설의 부지로 제공하거나 그 토지에 정비기반시설 또는 공동이용시설을 설치하여 제공하는 경우 제22조의 주민합의체 구성 또는 제23조의 조합설립인가(변경인가를 포함한다) 신청 전까지 해당 토지 또는 건축물의 소유자, 지상권자 전원의 동의를 받아야 한다. 이 경우 동의한 자는 토지등소유자로 본다.

[본조신설 2025. 8. 26.]

[시행일: 2026. 2. 27.] 제49조의3

제50조(정비지원기구) ① 국토교통부장관은 빈집정비사업 및 소규모주택정비사업의 활성화를 위하여 다음 각 호에 해당하는 기관을 정비지원기구로 지정할 수 있다. 〈개정 2022. 2. 3.〉

1. 「한국토지주택공사법」에 따라 설립된 한국토지주택공사(이하 "한국토지주택공사"라 한다)

2. 「정부출연연구기관 등의 설립·운영 및 육성에 관한 법률」에 따라 설립된 국토연구원

3. 그 밖에 대통령령으로 정하는 공공기관

② 정비지원기구는 다음 각 호의 업무를 대행할 수 있다. 〈개정 2021. 7. 20.〉

1. 빈집정비사업 및 소규모주택정비사업의 정책 지원

2. 빈집정비사업 및 소규모주택정비사업의 상담 및 교육 지원

3. 빈집정비사업 및 소규모주택정비사업의 사업시행계획 및 관리처분계획의 수립 지원

3의2. 관리계획의 수립 지원 및 소규모주택정비사업의 관리 지원

4. 그 밖에 국토교통부령으로 정하는 업무

③ 정비지원기구의 구성 및 운영 등에 관한 사항은 대통령령으로

정한다.

제51조(임대관리업무 등의 지원) ① 국토교통부장관 또는 지방자치단체의 장은 빈집정비사업 또는 소규모주택정비사업의 사업시행자가 자신이 소유한 주택을 개량한 후 의무임대기간, 최초 임대료 및 연간인상률 등 대통령령으로 정하는 조건을 갖춘 임대주택으로 공급하는 경우 다음 각 호의 업무(임대주택에 부속된 「건축법」 제2조에 따른 근린생활시설에 대한 임대업무를 포함한다. 이하 "임대관리업무"라 한다)를 지원할 수 있다.

1. 임대사업을 하려는 자의 모집 및 선정
2. 임대주택의 건설 및 매입
3. 임차인의 모집 · 입주 및 명도 · 퇴거
4. 임대료의 부과 · 징수 등의 업무

② 국토교통부장관 또는 지방자치단체의 장은 임대관리업무를 한국토지주택공사에 위탁할 수 있다. 이 경우 위탁을 받은 한국토지주택공사는 「민간임대주택에 관한 특별법」 제7조에 따른 주택임대관리업을 하는 자에게 다시 위탁할 수 있다.

③ 국토교통부장관 또는 지방자치단체의 장(제2항에 따라 임대관리업무를 위탁 · 수행하는 한국토지주택공사의 장을 포함한다. 이하 이 조에서 같다)은 임대관리업무를 수행하기 위하여 입주자 자격의 확인 등이 필요한 경우 「주택법」 제55조에 따른 자료 또는 정보의 제공을 관계 행정기관의 장에게 요청할 수 있다. 이 경우 관계 기관의 장은 특별한 사유가 없으면 이에 따라야 한다.

④ 국토교통부장관 또는 지방자치단체의 장은 임대관리업무를 효율적으로 지원하기 위하여 「민간임대주택에 관한 특별법」 제60조에 따른 임대주택정보체계와 연계하거나 활용할 수 있다.

⑤ 제1항 및 제2항에 따라 한국토지주택공사가 지원하는 임대사업자는 「민간임대주택에 관한 특별법」 제49조제1항에도 불구하고

대통령령으로 정하는 바에 따라 임대보증금에 대한 보증에 가입하지 아니할 수 있다.

⑥ 국토교통부장관은 제1항에 따른 임대주택을 공급하는 자가 한국토지주택공사 외의 자에게 임대관리업무를 맡기려는 경우에는 해당 업무를 맡기려는 자에게 임대인 및 임차인의 권리보호를 위하여 보증상품에 가입할 것을 요구할 수 있다.

⑦ 제1항에 따른 임대관리업무의 지원에 필요한 기준·방법 및 절차 등에 관한 사항은 대통령령으로 정한다.

제5장 보칙

제52조(빈집정비사업의 지침고시 등) ① 국토교통부장관은 시장·군수등이 빈집정비사업을 효율적이고 체계적으로 추진할 수 있도록 다음 각 호의 어느 하나에 해당하는 사항에 대하여 지침을 정하여 고시할 수 있다.

1. 빈집정비계획의 수립
2. 빈집실태조사의 방법 및 기준
3. 빈집의 철거 및 관리
4. 그 밖에 대통령령으로 정하는 사항

② 국토교통부장관은 제1항에 따른 내용의 이행 여부를 점검하기 위하여 시장·군수등에게 자료 또는 정보의 제공을 요청하거나 보고를 하게 할 수 있다. 이 경우 시장·군수등은 특별한 사유가 없으면 이에 따라야 한다.

③ 국토교통부장관은 빈집의 정비 및 활용에 관한 정책의 수립 등을 위하여 필요한 경우 관계 중앙행정기관의 장, 지방자치단체의 장 또는 공공기관의 장에게 빈집정보와 관련한 자료의 제출을 요청할 수 있다. 이 경우 요청을 받은 기관의 장은 특별한 사유가 없으면 이에 따라야 한다.

제53조(기술지원 및 정보제공) ① 시장·군수등은 빈집정비사업 및 소규모주택정비사업의 활성화를 위하여 사업시행자 등에게 다음 각 호에 해당하는 기술지원 및 정보제공을 할 수 있다.

1. 주택의 설계·시공·유지관리(「공동주택관리법」 제2조제1항제2호에 따른 의무관리대상 공동주택은 제외한다)

2. 주민합의체의 구성 및 조합의 설립

3. 사업시행계획 및 관리처분계획의 수립

4. 그 밖에 시·도조례로 정하는 사항

② 시장·군수등은 제1항에 따른 기술지원 및 정보제공을 효율적으로 수행하기 위하여 다음 각 호의 어느 하나에 해당하는 센터를 활용할 수 있다.

1. 「도시재생 활성화 및 지원에 관한 특별법」 제11조에 따라 설치된 도시재생지원센터

2. 「주거기본법」 제22조에 따라 설치된 주거복지센터

3. 「건축법」 제35조의2에 따라 설치된 주택관리지원센터

4. 「장애인·고령자 등 주거약자 지원에 관한 법률」 제17조에 따라 설치된 주거지원센터

5. 그 밖에 지방자치단체의 조례에 따라 제1호부터 제4호까지와 유사한 목적으로 설치된 센터

제54조(감독 등) ① 시·도지사는 소규모주택정비사업의 추진실적을 분기별로 국토교통부장관에게, 시장·군수 및 자치구의 구청장은 특별시장·광역시장 또는 도지사에게 보고하여야 한다.

② 국토교통부장관, 시·도지사, 시장·군수 및 자치구의 구청장은 정비사업의 원활한 시행을 위하여 감독이 필요한 때에는 사업시행자·정비사업전문관리업자·철거업자·설계자 및 시공자 등 이 법에 따른 업무를 하는 자에게 국토교통부령으로 정하는 내용에 따라 보고 또는 자료의 제출을 명할 수 있으며 소속 공무원에게 그 업무

에 관한 사항을 조사하게 할 수 있다. 〈개정 2020. 6. 9.〉

③ 시장·군수등 또는 토지주택공사등이 아닌 사업시행자는 「주식회사의 외부감사에 관한 법률」 제3조에 따른 감사인의 회계감사를 받아야 한다.

④ 국토교통부장관, 시·도지사, 시장·군수 및 자치구의 구청장은 이 법 또는 이 법에 따른 명령·처분이나 사업시행계획서에 위반되었다고 인정되는 때에는 소규모주택정비사업의 적정한 시행을 위하여 필요한 범위에서 사업시행계획인가 취소 등의 조치를 취할 수 있다. 이 경우 국토교통부장관, 시·도지사, 시장·군수 및 자치구의 구청장은 관계 공무원 및 전문가로 구성된 점검반을 구성하여 소규모주택정비사업 현장조사를 통하여 분쟁의 조정, 위법사항의 시정요구 등 필요한 조치를 할 수 있다.

⑤ 사업시행자(조합의 경우 청산인을 포함한 조합임원, 토지등소유자의 경우 주민합의체 대표자를 말한다. 이하 이 조에서 같다)는 소규모주택정비사업의 시행에 관한 서류 및 관련 자료가 작성되거나 변경된 후 15일 이내에 이를 조합원, 토지등소유자 또는 세입자가 알 수 있도록 인터넷과 그 밖의 방법을 병행하여 공개하여야 한다. 이 경우 사업시행자는 조합원, 토지등소유자가 서류 및 관련 자료에 대하여 열람·복사 요청을 한 경우 15일 이내에 그 요청에 따라야 한다. 〈개정 2022. 2. 3.〉

⑥ 사업시행자 또는 정비사업전문관리업자는 제5항에 따른 서류 및 관련 자료와 총회 또는 중요한 회의(조합원 또는 토지등소유자의 비용부담을 수반하거나 권리·의무의 변동을 발생시키는 경우로서 대통령령으로 정하는 회의를 말한다)가 있을 때에는 속기록·녹음 또는 영상자료를 만들어 청산 시까지 보관하여야 한다. 〈개정 2022. 2. 3.〉

⑦ 시장·군수등 또는 토지주택공사등이 아닌 사업시행자는 소규

모주택정비사업을 완료하거나 폐지한 때에는 시·도조례로 정하는 바에 따라 관계 서류를 시장·군수등에게 인계하여야 한다. 〈신설 2022. 2. 3.〉

⑧ 누구든지 주민합의체 대표자, 조합임원의 선임 또는 시공자, 설계자, 정비사업전문관리업자의 선정과 관련하여 다음 각 호의 행위를 하여서는 아니 된다. 〈개정 2019. 8. 20., 2022. 2. 3.〉

1. 금품, 향응 또는 그 밖의 재산상 이익을 제공하거나 제공의사를 표시하거나 제공을 약속하는 행위

2. 금품, 향응 또는 그 밖의 재산상 이익을 제공받거나 제공의사 표시를 승낙하는 행위

3. 제3자를 통하여 제1호 또는 제2호에 해당하는 행위를 하는 행위

제54조(감독 등) ① 시·도지사는 소규모주택정비사업의 추진실적을 분기별로 국토교통부장관에게, 시장·군수 및 자치구의 구청장은 특별시장·광역시장 또는 도지사에게 보고하여야 한다.

② 국토교통부장관, 시·도지사, 시장·군수 및 자치구의 구청장은 정비사업의 원활한 시행을 위하여 감독이 필요한 때에는 사업시행자·정비사업전문관리업자·철거업자·설계자 및 시공자 등 이 법에 따른 업무를 하는 자에게 국토교통부령으로 정하는 내용에 따라 보고 또는 자료의 제출을 명할 수 있으며 소속 공무원에게 그 업무에 관한 사항을 조사하게 할 수 있다. 〈개정 2020. 6. 9.〉

③ 시장·군수등 또는 토지주택공사등이 아닌 사업시행자는 「주식회사 등의 외부감사에 관한 법률」 제2조제7호 및 제9조에 따른 감사인의 회계감사를 받아야 한다. 〈개정 2025. 8. 26.〉

④ 국토교통부장관, 시·도지사, 시장·군수 및 자치구의 구청장은 이 법 또는 이 법에 따른 명령·처분이나 사업시행계획서에 위반되었다고 인정되는 때에는 소규모주택정비사업의 적정한 시행을 위하여 필요한 범위에서 사업시행계획인가 취소 등의 조치를 취할 수

있다. 이 경우 국토교통부장관, 시·도지사, 시장·군수 및 자치구의 구청장은 관계 공무원 및 전문가로 구성된 점검반을 구성하여 소규모주택정비사업 현장조사를 통하여 분쟁의 조정, 위법사항의 시정요구 등 필요한 조치를 할 수 있다.

⑤ 사업시행자(조합의 경우 청산인을 포함한 조합임원, 토지등소유자의 경우 주민합의체 대표자를 말한다. 이하 이 조에서 같다)는 소규모주택정비사업의 시행에 관한 서류 및 관련 자료가 작성되거나 변경된 후 15일 이내에 이를 조합원, 토지등소유자 또는 세입자가 알 수 있도록 인터넷과 그 밖의 방법을 병행하여 공개하여야 한다. 이 경우 사업시행자는 조합원, 토지등소유자가 서류 및 관련 자료에 대하여 열람·복사 요청을 한 경우 15일 이내에 그 요청에 따라야 한다. 〈개정 2022. 2. 3.〉

⑥ 사업시행자 또는 정비사업전문관리업자는 제5항에 따른 서류 및 관련 자료와 총회 또는 중요한 회의(조합원 또는 토지등소유자의 비용부담을 수반하거나 권리·의무의 변동을 발생시키는 경우로서 대통령령으로 정하는 회의를 말한다)가 있을 때에는 속기록·녹음 또는 영상자료를 만들어 청산 시까지 보관하여야 한다. 〈개정 2022. 2. 3.〉

⑦ 시장·군수등 또는 토지주택공사등이 아닌 사업시행자는 소규모주택정비사업을 완료하거나 폐지한 때에는 시·도조례로 정하는 바에 따라 관계 서류를 시장·군수등에게 인계하여야 한다. 〈신설 2022. 2. 3.〉

⑧ 누구든지 주민합의체 대표자, 조합임원의 선임 또는 시공자, 설계자, 정비사업전문관리업자의 선정과 관련하여 다음 각 호의 행위를 하여서는 아니 된다. 〈개정 2019. 8. 20., 2022. 2. 3.〉

1. 금품, 향응 또는 그 밖의 재산상 이익을 제공하거나 제공의사를 표시하거나 제공을 약속하는 행위

2. 금품, 향응 또는 그 밖의 재산상 이익을 제공받거나 제공의사 표시를 승낙하는 행위

3. 제3자를 통하여 제1호 또는 제2호에 해당하는 행위를 하는 행위

[시행일: 2026. 2. 27.] 제54조

제55조(다른 법률의 인·허가등의 의제 등) ① 사업시행자가 제12조 및 제29조에 따라 사업시행계획인가를 받은 때(시장·군수등이 직접 빈집정비사업 또는 소규모주택정비사업을 시행하는 경우에는 사업시행계획서를 작성한 때를 말한다. 이하 이 조에서 같다)에는 다음 각 호의 인·허가등이 있은 것으로 보며, 제12조제3항 및 제29조제5항에 따른 사업시행계획인가의 고시가 있은 때에는 다음 각 호의 관계 법률에 따른 인·허가등의 고시·공고 등이 있은 것으로 본다. 〈개정 2019. 8. 20., 2020. 3. 31., 2020. 6. 9., 2021. 11. 30., 2023. 4. 18.〉

1. 「주택법」 제15조에 따른 사업계획의 승인

2. 「공공주택 특별법」 제35조에 따른 주택건설사업계획의 승인

3. 「건축법」 제11조에 따른 건축허가, 같은 법 제20조에 따른 가설건축물의 건축허가 또는 축조신고, 같은 법 제29조에 따른 건축협의 및 같은 법 제77조의6에 따른 건축협정 인가

4. 「도로법」 제36조에 따른 도로관리청이 아닌 자에 대한 도로공사 시행의 허가 및 같은 법 제61조에 따른 도로의 점용 허가

5. 「수도법」 제17조에 따른 일반수도사업의 인가 및 같은 법 제52조 또는 제54조에 따른 전용상수도 또는 전용공업용수도 설치의 인가

6. 「하수도법」 제16조에 따른 공공하수도 사업의 허가 및 같은 법 제34조제2항에 따른 개인하수처리시설의 설치신고

7. 「국유재산법」 제30조에 따른 사용허가

8. 「공유재산 및 물품 관리법」 제20조에 따른 사용·수익허가

9.「공간정보의 구축 및 관리 등에 관한 법률」 제86조제1항에 따른 사업의 착수·변경 신고

10.「국토의 계획 및 이용에 관한 법률」 제30조에 따른 도시·군관리계획(같은 법 제2조제4호가목·다목 및 마목의 계획 중 같은 법 제51조제1항에 따른 지구단위계획구역 및 지구단위계획만 해당한다)의 결정, 같은 법 제56조에 따른 개발행위의 허가, 같은 법 제86조에 따른 도시·군계획시설사업시행자의 지정 및 같은 법 제88조에 따른 실시계획의 인가

11.「전기안전관리법」 제8조에 따른 자가용전기설비공사계획의 인가 및 신고

12.「소방시설 설치 및 관리에 관한 법률」 제6조제1항에 따른 건축허가등의 동의,「위험물안전관리법」 제6조제1항에 따른 제조소등의 설치의 허가(제조소등은 공장건축물 또는 그 부속시설과 관계있는 것으로 한정한다)

13.「사도법」 제4조에 따른 사도의 개설 등의 허가

② 사업시행자가 관리지역에서 소규모주택정비사업의 사업시행계획인가를 받은 때에는 제1항에 따른 인·허가등 외에 다음 각 호의 인·허가등이 있은 것으로 보며, 제29조제5항에 따라 사업시행계획인가를 고시한 때에는 다음 각 호의 관계 법률에 따른 인·허가등의 고시·공고 등이 있은 것으로 본다. 〈신설 2021. 7. 20.〉

1.「도시 및 주거환경정비법」 제9조에 따른 정비계획의 수립 및 변경

2.「도시재생 활성화 및 지원에 관한 특별법」 제20조에 따른 도시재생활성화계획의 수립 및 변경

③ 사업시행자가 공장이 포함된 구역에 대하여 소규모재개발사업의 사업시행계획인가를 받은 때에는 제1항에 따른 인·허가등 외에 다음 각 호의 인·허가등이 있은 것으로 보며, 제29조제5항에 따라 사업시

행계획인가를 고시한 때에는 다음 각 호의 관계 법률에 따른 인·허가등의 고시·공고 등이 있은 것으로 본다. 〈신설 2021. 7. 20.〉

1. 「산업집적활성화 및 공장설립에 관한 법률」 제13조에 따른 공장설립등의 승인 및 같은 법 제15조에 따른 공장설립등의 완료신고

2. 「폐기물관리법」 제29조제2항에 따른 폐기물처리시설의 설치승인 또는 설치신고(변경승인 또는 변경신고를 포함한다)

3. 「대기환경보전법」 제23조, 「물환경보전법」 제33조 및 「소음·진동관리법」 제8조에 따른 배출시설 설치의 허가 및 신고

④ 사업시행자는 제1항부터 제3항까지에 따른 인·허가등의 의제를 받으려는 경우에는 사업시행계획인가를 신청하는 때에 해당 법률에서 정하는 관계 서류를 함께 제출하여야 한다. 다만, 사업시행계획인가를 신청한 때에 시공자가 선정되어 있지 아니하여 관계 서류를 제출할 수 없거나 제6항에 따라 사업시행계획인가를 하는 경우에는 시장·군수등이 정하는 기한까지 제출할 수 있다. 〈개정 2020. 6. 9., 2021. 7. 20.〉

⑤ 시장·군수등은 사업시행계획인가를 하거나 사업시행계획서를 작성하는 경우 제1항부터 제3항까지에 따라 의제되는 인·허가등에 해당하는 사항이 있는 때에는 미리 관계 행정기관의 장과 협의하여야 하며, 협의를 요청받은 관계 행정기관의 장은 요청받은 날(제4항 단서의 경우에는 서류가 관계 행정기관의 장에게 도달된 날을 말한다)부터 20일 이내에 의견을 제출하여야 한다. 관계 행정기관의 장이 20일 이내에 의견을 제출하지 아니한 경우에는 협의된 것으로 본다. 〈개정 2021. 7. 20.〉

⑥ 시장·군수등은 제5항에도 불구하고 천재지변이나 그 밖의 불가피한 사유로 긴급히 사업을 시행할 필요가 있다고 인정하는 경우에는 관계 행정기관의 장과 협의를 마치기 전에 사업시행계획인가를 할 수 있다. 이 경우 협의를 마칠 때까지는 제1항부터 제3항까지의

규정에 따른 인·허가등을 받은 것으로 보지 아니한다. 〈개정 2021. 7. 20.〉

⑦ 제1항부터 제3항까지의 규정에 따라 사업에 대하여 다른 법률에 따른 인·허가등을 받은 것으로 보는 경우에는 관계 법률 또는 시·도조례에 따라 해당 인·허가등의 대가로 부과되는 수수료와 해당 국유지·공유지의 사용 또는 점용에 따른 사용료 또는 점용료를 면제한다. 〈개정 2021. 7. 20.〉

제56조(「도시 및 주거환경정비법」의 준용) ① 토지등소유자의 동의방법 등에 관하여는 「도시 및 주거환경정비법」 제27조, 제36조 및 제37조를, 가로주택정비사업, 소규모재건축사업 및 소규모재개발사업의 사업대행자 지정에 관하여는 같은 법 제28조를, 조합의 법인격·정관·임원 등에 관하여는 같은 법 제38조, 제40조부터 제43조까지, 제43조의2, 제44조, 제44조의2, 제45조 및 제46조를, 주민대표회의 및 토지등소유자 전체회의 등에 관하여는 같은 법 제47조 및 제48조를, 정비기반시설 기부채납 기준 등에 관하여는 같은 법 제51조를, 용적률 상한 등에 관하여는 같은 법 제54조를, 시장·군수등의 사업시행계획인가 및 사업시행계획서 작성 등에 관하여는 같은 법 제56조 및 제58조를, 시공보증에 관하여는 같은 법 제82조를, 준공인가 및 공사완료의 절차 및 방법 등에 관하여는 같은 법 제83조 및 제85조를, 소유권을 이전한 경우의 대지 및 건축물에 대한 권리 확정 등에 관하여는 같은 법 제87조를, 청산금의 징수방법 등에 관하여는 같은 법 제90조를, 부과금 및 연체료의 부과·징수 등에 관하여는 같은 법 제93조를, 정비기반시설 관리자의 비용부담 및 귀속 등에 관하여는 같은 법 제94조 및 제97조를, 정비사업전문관리업자에 관하여는 같은 법 제102조부터 제110조까지를, 소규모주택정비사업의 감독 등에 관하여는 같은 법 제111조부터 제113조까지, 제124조 및 제125조를, 조합임원 등에 대한 교육, 토지등소

유자의 설명의무 등에 관하여는 같은 법 제115조, 제120조부터 제122조까지를 준용한다. 이 경우 "재개발사업"은 "자율주택정비사업, 가로주택정비사업 또는 소규모재개발사업"으로, "재건축사업"은 "소규모재건축사업"으로 본다. 〈개정 2019. 4. 23., 2019. 8. 20., 2021. 7. 20., 2022. 2. 3., 2024. 12. 3.〉

② 다음 각 호의 경우에는 「도시 및 주거환경정비법」을 준용하되, 소규모주택정비사업의 규모 및 특성 등을 고려하여 특별히 규정하여야 할 사항은 대통령령으로 다르게 정할 수 있다. 〈개정 2021. 7. 20.〉

1. 재산 또는 권리 평가 등에 관하여는 같은 법 제74조를 준용한다. 이 경우 "재건축사업"은 "소규모주택정비사업"으로, "조합총회"는 "조합총회, 주민합의체 회의, 주민대표회의 또는 토지등소유자 전체회의"로 본다.

2. 국유 · 공유재산의 처분 등에 관하여는 같은 법 제98조를 준용한다. 이 경우 "제50조 및 제52조에 따라 인가하려는 사업시행계획 또는 직접 작성하는 사업시행계획서"는 "제29조 및 제30조에 따라 인가하려는 사업시행계획서 또는 직접 작성하는 사업시행계획서"로, "정비구역"은 "사업시행구역"으로 본다.

③ 소규모주택정비사업에서의 지분형주택 등의 공급에 관하여는 「도시 및 주거환경정비법」 제80조를 준용한다. 〈신설 2021. 10. 19.〉

제57조(사업시행자 등의 권리 · 의무의 승계) 사업시행자와 소규모주택정비사업과 관련하여 권리를 갖는 자(이하 "권리자"라 한다)의 변동이 있은 때에는 종전의 사업시행자와 권리자의 권리 · 의무는 새로이 사업시행자와 권리자로 된 자가 승계한다.

제58조(벌칙 적용에서 공무원 의제) 「형법」 제129조부터 제132조까지를 적용하는 경우 주민합의체 대표자 · 조합임원 · 청산인 · 전문조

합관리인 및 정비사업전문관리업자의 대표자(법인인 경우에는 임원을 말한다)·직원은 공무원으로 본다. 〈개정 2019. 8. 20.〉

제6장 벌칙

제59조(벌칙) 다음 각 호의 어느 하나에 해당하는 자는 5년 이하의 징역 또는 5천만원 이하의 벌금에 처한다. 〈개정 2022. 2. 3.〉

1. 제25조제1항에 따른 토지등소유자의 서면동의서를 위조한 자
2. 제54조제8항 각 호의 어느 하나를 위반하여 금품이나 그 밖의 재산상 이익을 제공하거나 제공의사를 표시하거나 제공을 약속하는 행위를 하거나, 제공받거나 제공의사 표시를 승낙한 자

제60조(벌칙) 다음 각 호의 어느 하나에 해당하는 자는 3년 이하의 징역 또는 3천만원 이하의 벌금에 처한다. 〈개정 2019. 8. 20., 2023. 4. 18.〉

1. 제8조제4항을 위반하여 자료 또는 정보를 사용·제공 또는 누설한 자
2. 제20조를 위반하여 시공자를 선정한 자 및 시공자로 선정된 자

2의2. 제21조제3항에 따른 계약의 방법을 위반하여 정비사업전문관리업자를 선정한 조합임원(전문조합관리인을 포함한다)

3. 거짓 또는 부정한 방법으로 제24조제2항을 위반하여 조합원 자격을 취득한 자와 조합원 자격을 취득하게 하여준 토지등소유자 및 조합의 임직원(전문조합관리인을 포함한다)
4. 제24조제2항을 회피하여 제28조에 따른 분양주택을 이전 또는 공급받을 목적으로 건축물 또는 토지의 양도·양수 사실을 은폐한 자
5. 제25조제1항에 따른 토지등소유자의 서면동의서를 매도하거나 매수한 자
6. 제33조제3항제7호다목 단서를 위반하여 주택을 전매하거나 이

의 전매를 알선한 자

제61조(벌칙) 다음 각 호의 어느 하나에 해당하는 자는 2년 이하의 징역 또는 2천만원 이하의 벌금에 처한다. 〈개정 2021. 7. 20., 2022. 2. 3., 2023. 4. 18.〉

1. 제21조제1항을 위반하여 등록을 하지 아니하고 이 법에 따른 정비사업을 위탁받은 자

1의2. 제23조제8항에 따른 총회의 의결을 거치지 아니하고 사업을 임의로 추진한 조합임원

2. 제23조의3제1항을 위반하여 허가 또는 변경허가를 받지 아니하거나 거짓, 그 밖의 부정한 방법으로 허가 또는 변경허가를 받아 행위를 한 자

3. 제25조제2항에 따른 주민대표회의의 승인을 받지 아니하고 주민대표회의를 구성·운영한 자

4. 제25조제2항에 따라 승인받은 주민대표회의가 구성되어 있음에도 불구하고 임의로 주민대표회의를 구성하여 사업을 추진한 자

5. 제29조에 따른 사업시행계획인가를 받지 아니하고 사업을 시행한 자와 사업시행계획서를 위반하여 건축물을 건축한 자

6. 제29조에 따른 사업시행계획인가를 받지 아니하고 제40조에 따라 소유권을 이전한 자

7. 제54조제4항에 따른 처분의 취소·변경 또는 정지, 그 공사의 중지 및 변경에 관한 명령을 받고도 이에 따르지 아니한 사업시행자, 주민대표회의 및 정비사업전문관리업자

8. 제54조제5항에 따른 서류 및 관련 자료를 거짓으로 공개한 조합임원(토지등소유자가 시행하는 사업의 경우 그 대표자를 말한다)

9. 제54조제5항 후단에 따른 서류 및 관련 자료의 열람·복사 요청에 허위의 사실이 포함된 자료를 열람·복사해 준 조합임원(토지등소유자가 시행하는 사업의 경우 그 대표자를 말한다)

제62조(벌칙) 다음 각 호의 어느 하나에 해당하는 자는 1년 이하의 징역 또는 1천만원 이하의 벌금에 처한다. 〈개정 2023. 4. 18.〉

1. 제21조제1항 각 호에 따른 업무를 다른 용역업체 및 그 직원에게 수행하도록 한 정비사업전문관리업자

1의2. 제39조제1항에 따른 준공인가를 받지 아니하고 건축물 등을 사용한 자와 같은 조 제5항에 따라 시장·군수등의 사용허가를 받지 아니하고 건축물을 사용하는 자

2. 제54조제3항에 따른 회계감사를 받지 아니한 자

3. 제54조제5항을 위반하여 사업시행과 관련한 서류 및 자료를 인터넷과 그 밖의 방법을 병행하여 공개하지 아니하거나 조합원 또는 토지등소유자의 열람·복사 요청에 따르지 아니하는 조합임원(조합의 청산인 및 토지등소유자가 시행하는 사업의 경우에는 그 대표자, 제19조에 따른 지정개발자가 사업시행자인 경우 그 대표자를 말한다)

4. 제54조제6항을 위반하여 속기록 등을 만들지 아니하거나 관련 자료를 청산 시까지 보관하지 아니한 조합임원(조합의 청산인 및 토지등소유자가 시행하는 사업의 경우에는 그 대표자, 제19조에 따른 지정개발자가 사업시행자인 경우 그 대표자를 말한다)

제63조(양벌규정) 법인의 대표자나 법인 또는 개인의 대리인, 사용인, 그 밖의 종업원이 그 법인 또는 개인의 업무에 관하여 제59조, 제60조, 제61조, 제62조의 어느 하나에 해당하는 위반행위를 하면 그 행위자를 벌하는 외에 그 법인 또는 개인에게도 해당 조문의 벌금형을 과(科)한다. 다만, 법인 또는 개인이 그 위반행위를 방지하기 위하여 해당 업무에 관하여 상당한 주의와 감독을 게을리하지 아니한 경우에는 그러하지 아니하다.

제64조(과태료) ① 제54조제4항에 따라 점검반의 현장조사를 거부·기피 또는 방해한 자에게는 1천만원의 과태료를 부과한다.

② 다음 각 호의 어느 하나에 해당하는 자에게는 500만원 이하의 과태료를 부과한다. 〈개정 2020. 6. 9., 2022. 2. 3.〉

1. 제40조제1항에 따른 통지를 게을리한 자
2. 제54조제2항에 따른 보고 또는 자료의 제출을 게을리한 자
3. 제54조제7항에 따른 관계 서류의 인계를 게을리한 자

③ 제1항 및 제2항에 따른 과태료는 대통령령으로 정하는 방법 및 절차에 따라 국토교통부장관, 시·도지사, 시장·군수 및 자치구의 구청장이 부과·징수한다.

제65조(이행강제금) ① 시장·군수등은 제11조제1항에 따라 조치명령을 받은 후 그 정한 기간 내에 그 조치명령을 이행하지 아니한 소유자에 대하여 「지방세법」에 따라 해당 건축물에 적용되는 1제곱미터의 시가표준액의 100분의 50에 해당하는 금액에 연면적을 곱한 금액 이하의 범위에서 조치명령의 내용에 따라 대통령령으로 정하는 비율을 곱한 금액으로 이행강제금을 부과한다.

② 시장·군수등은 제1항에 따른 이행강제금을 부과하기 전에 상당한 기간을 정하여 그 기간 내에 조치명령을 이행하지 아니할 때에는 이행강제금을 부과·징수한다는 뜻을 미리 문서로써 계고하여야 한다.

③ 시장·군수등은 제1항에 따른 이행강제금을 부과하는 때에는 이행강제금의 금액·부과사유·납부기한·수납기관·불복방법 등을 적은 문서로 하여야 한다.

④ 시장·군수등은 최초의 조치명령이 있었던 날을 기준으로 하여 1년에 2회 이내의 범위에서 그 조치명령이 이행될 때까지 반복하여 제1항에 따른 이행강제금을 부과·징수할 수 있다.

⑤ 시장·군수등은 제11조제1항에 따른 조치명령을 받은 자가 그 명령을 이행하는 경우에는 새로운 이행강제금의 부과를 중지하되, 이미 부과된 이행강제금은 징수하여야 한다.

⑥ 제3항에 따라 이행강제금 부과처분을 받은 자가 이행강제금을 납부기한까지 내지 아니하면 「지방행정제재·부과금의 징수 등에 관한 법률」에 따라 징수한다.

[본조신설 2021. 4. 13.]

부칙 〈제14569호, 2017. 2. 8.〉

제1조(시행일) 이 법은 공포 후 1년이 경과한 날부터 시행한다.

제2조(매도청구에 관한 적용례) ① 제35조는 이 법 시행 후 최초로 조합설립인가를 신청하는 경우부터 적용한다.

② 제1항에도 불구하고 가로주택정비사업의 사업시행자는 이 법 시행 전에 조합설립인가를 신청한 경우에도 제35조에 따라 매도청구를 할 수 있으며, 이 경우 제35조제1항의 "심의 결과를 받은 날"은 "이 법 시행일"로 본다.

제3조(일반적 경과조치) 이 법 시행 당시 종전의 「도시 및 주거환경정비법」(이하 "종전 법률"이라 한다)의 가로주택정비사업 및 주택재건축사업(정비구역이 아닌 구역에서 시행하는 주택재건축사업을 말한다. 이하 같다) 관련 규정에 따라 행하여진 처분·절차 및 행위는 이 법의 관련 규정에 따라 행하여진 처분·절차 및 행위로 본다.

제4조(가로주택정비사업 등에 관한 경과조치) 종전 법률에 따라 시행 중인 가로주택정비사업 및 주택재건축사업은 각각 이 법에 따른 가로주택정비사업과 소규모재건축사업으로 본다.

제5조(조합설립추진위원회에 대한 경과조치) 이 법 시행 전에 종전 법률에 따라 주택재건축사업의 시행을 목적으로 승인받은 조합설립추진위원회는 제21조에도 불구하고 이 법에 따른 소규모재건축사업을 시행하기 위하여 정비사업전문관리업자의 선정 및 변경 등 「도시 및 주거환경정비법」 제32조의 업무를 수행할 수 있다.

제6조(관리처분계획의 수립에 관한 경과조치) 이 법 시행 당시 종전

법률에 따라 사업시행계획인가를 신청하거나 사업시행계획인가를 받은 가로주택정비사업 및 주택재건축사업의 관리처분처분계획 수립 시기 및 절차 등은 종전 법률에 따른다.

제7조(벌칙 등에 관한 경과조치) 이 법 시행 전의 가로주택정비사업 및 주택재건축사업과 관련한 행위에 대하여 벌칙과 과태료를 적용할 때에는 종전 법률에 따른다.

제8조(다른 법률의 개정) ① 2018 평창 동계올림픽대회 및 동계패럴림픽대회 지원 등에 관한 특별법 일부를 다음과 같이 개정한다.

제33조제1항제14호 중 "제28조"를 "제50조 및 「빈집 및 소규모주택 정비에 관한 특례법」 제29조"로, "사업시행인가"를 "사업시행계획인가"로 한다.

제57조제1항제22호 중 "「도시 및 주거환경정비법」 제28조"를 "「도시 및 주거환경정비법」 제50조 및 「빈집 및 소규모주택 정비에 관한 특례법」 제29조"로, "사업시행인가"를 "사업시행계획인가"로 한다.

② 경제자유구역의 지정 및 운영에 관한 특별법 일부를 다음과 같이 개정한다.

제11조제1항제22호 중 "「도시 및 주거환경정비법」 제28조"를 "「도시 및 주거환경정비법」 제50조 및 「빈집 및 소규모주택 정비에 관한 특례법」 제29조"로, "사업시행인가"를 "사업시행계획인가"로 한다.

③ 고도 보존 및 육성에 관한 특별법 일부를 다음과 같이 개정한다.

제12조제1항제20호 중 "「도시 및 주거환경정비법」 제28조"를 "「도시 및 주거환경정비법」 제50조 및 「빈집 및 소규모주택 정비에 관한 특례법」 제29조"로, "사업시행인가"를 "사업시행계획인가"로 한다.

④ 도시재정비 촉진을 위한 특별법 일부를 다음과 같이 개정한다.

제2조제2호가목 중 "주거환경개선사업, 주택재개발사업, 주택재건축사업, 도시환경정비사업, 주거환경관리사업 및 가로주택정비사업"을 "주거환경개선사업, 재개발사업 및 재건축사업, 「빈집 및 소규모주택 정비에 관한 특례법」에 따른 가로주택정비사업 및 소규모재건축사업"으로 하고, 같은 조 제8호가목 중 "주거환경개선사업·주택재개발사업·도시환경정비사업·주거환경관리사업 및 가로주택정비사업"을 "주거환경개선사업·재개발사업 및 「빈집 및 소규모주택 정비에 관한 특례법」에 따른 가로주택정비사업"으로 하며, 같은 호 나목 중 "주택재건축사업"을 "재건축사업 및 「빈집 및 소규모주택 정비에 관한 특례법」에 따른 소규모재건축사업"으로 한다.

제3조제3항 중 "주택재건축사업"을 "재건축사업 및 「빈집 및 소규모주택 정비에 관한 특례법」에 따른 소규모재건축사업"으로 한다.

제7조제4항 전단 중 "「도시 및 주거환경정비법」 제13조의 조합"을 "「도시 및 주거환경정비법」 제31조 및 「빈집 및 소규모주택 정비에 관한 특례법」 제23조의 조합"으로, "정비사업"을 "정비사업 및 「빈집 및 소규모주택 정비에 관한 특례법」 제2조제3호에 따른 소규모주택정비사업"으로 한다.

제15조제3항 중 "「도시 및 주거환경정비법」 제26조"를 "「도시 및 주거환경정비법」 제47조 및 「빈집 및 소규모주택 정비에 관한 특례법」 제25조"로 한다.

제20조 중 "「도시 및 주거환경정비법」 제4조의2"를 "「도시 및 주거환경정비법」 제10조 및 「빈집 및 소규모주택 정비에 관한 특례법」 제32조"로 한다.

⑤ 동·서·남해안 및 내륙권 발전 특별법 일부를 다음과 같이 개정한다.

제15조제1항제12호 중 "「도시 및 주거환경정비법」 제28조"를 "「도시 및 주거환경정비법」 제50조 및 「빈집 및 소규모주택 정비에

관한 특례법」 제29조”로, “사업시행인가”를 “사업시행계획인가”로 한다.

⑥ 마리나항만의 조성 및 관리 등에 관한 법률 일부를 다음과 같이 개정한다.

제16조제1항제10호 중 “「도시 및 주거환경정비법」 제28조”를 “「도시 및 주거환경정비법」 제50조 및 「빈집 및 소규모주택 정비에 관한 특례법」 제29조”로, “사업시행인가”를 “사업시행계획인가”로 한다.

⑦ 부동산 거래신고 등에 관한 법률 일부를 다음과 같이 개정한다.

제3조제1항제3호나목 중 “「도시 및 주거환경정비법」 제48조에 따른 관리처분계획의 인가”를 “「도시 및 주거환경정비법」 제74조에 따른 관리처분계획의 인가 및 「빈집 및 소규모주택 정비에 관한 특례법」 제29조에 따른 사업시행계획인가”로 한다.

⑧ 사회기반시설에 대한 민간투자법 일부를 다음과 같이 개정한다.

재21조제8항제5호 중 “제28조”를 “같은 법 제50조 및 「빈집 및 소규모주택 정비에 관한 특례법」 제29조”로, “사업시행인가”를 “사업시행계획인가”로 한다.

⑨ 새만금사업 추진 및 지원에 관한 특별법 일부를 다음과 같이 개정한다.

제17조제1항제16호 중 “「도시 및 주거환경정비법」 제28조”를 “「도시 및 주거환경정비법」 제50조 및 「빈집 및 소규모주택 정비에 관한 특례법」 제29조”로, “사업시행인가”를 “사업시행계획인가”로 한다.

⑩ 소득세법 일부를 다음과 같이 개정한다.

제89조제2항 본문 중 “「도시 및 주거환경정비법」 제48조에 따른

관리처분계획의 인가"를 "「도시 및 주거환경정비법」 제74조에 따른 관리처분계획의 인가 및 「빈집 및 소규모주택 정비에 관한 특례법」 제29조에 따른 사업시행계획인가"로, "주택재건축사업 또는 주택재개발사업"을 "재건축사업 또는 재개발사업, 「빈집 및 소규모주택 정비에 관한 특례법」에 따른 소규모재건축사업"으로 하고, 같은 항 단서 중 "주택재건축사업 또는 주택재개발사업"을 "재건축사업 또는 재개발사업, 「빈집 및 소규모주택 정비에 관한 특례법」에 따른 소규모재건축사업"으로 한다.

제95조제2항 본문 중 "「도시 및 주거환경정비법」 제48조에 따른 관리처분계획 인가"를 "「도시 및 주거환경정비법」 제74조에 따른 관리처분계획 인가 및 「빈집 및 소규모주택 정비에 관한 특례법」 제29조에 따른 사업시행계획인가"로 한다.

⑪ 아시아문화중심도시 조성에 관한 특별법 일부를 다음과 같이 개정한다.

제33조제1항제25호 중 "「도시 및 주거환경정비법」 제28조"를 "「도시 및 주거환경정비법」 제50조 및 「빈집 및 소규모주택 정비에 관한 특례법」 제29조"로, "사업시행인가"를 "사업시행계획인가"로 한다.

⑫ 연구개발특구의 육성에 관한 특별법 일부를 다음과 같이 개정한다.

제29조제1항제19호 중 "「도시 및 주거환경정비법」 제28조"를 "「도시 및 주거환경정비법」 제50조 및 「빈집 및 소규모주택 정비에 관한 특례법」 제29조"로, "사업시행인가"를 "사업시행계획인가"로 한다.

⑬ 유비쿼터스도시의 건설 등에 관한 법률 일부를 다음과 같이 개정한다.

제12조제1항제4호 중 "「도시 및 주거환경정비법」 제8조"를 "「도

시 및 주거환경정비법」 제25조부터 제27조까지 및 「빈집 및 소규모주택 정비에 관한 특례법」 제17조부터 제19조까지"로 한다.

⑭ 재건축초과이익 환수에 관한 법률 일부를 다음과 같이 개정한다. 〈개정 2017. 3. 21.〉

제1조 중 "주택재건축사업(이하 "재건축사업"이라 한다)"을 "재건축사업 및 「빈집 및 소규모주택 정비에 관한 특례법」에 따른 소규모재건축사업"으로 한다.

제2조제1호가목을 다음과 같이 하고, 같은 조 제4호 본문 및 제5호 본문 중 "주택재건축사업"을 각각 "재건축사업 및 「빈집 및 소규모주택 정비에 관한 특례법」 제2조제1항제3호다목에 따른 소규모재건축사업(이하 "재건축사업"이라 한다)"으로 한다.

가. 「도시 및 주거환경정비법」 제35조에 따라 설립된 재건축조합(같은 법 제27조제1항제3호에 따라 지정된 신탁업자를 포함한다) 및 「빈집 및 소규모주택 정비에 관한 특례법」 제23조에 따라 설립된 조합(이하 "조합"이라 한다)

제3조의2 중 "「도시 및 주거환경정비법」 제48조제1항에 따른 관리처분계획의 인가"를 "「도시 및 주거환경정비법」 제74조제1항에 따른 관리처분계획의 인가 및 「빈집 및 소규모주택 정비에 관한 특례법」 제29조제1항에 따른 사업시행계획인가"로 한다.

제5조 중 "주택재건축사업"을 "재건축사업"으로 한다.

제8조제1항 각 호 외의 부분 본문 중 "「도시 및 주거환경정비법」에 의한 당해 주택재건축사업"을 "재건축사업"으로 하고, 같은 항 각 호 외의 부분 단서 및 같은 항 제1호 중 "주택재건축사업"을 각각 "재건축사업"으로 하며, 같은 항 제3호 중 "「도시 및 주거환경정비법」 제8조제4항제8호"를 "「도시 및 주거환경정비법」 제27조제1항제3호"로 한다.

제8조제3항 각 호 외의 부분 본문 및 단서, 같은 항 제1호 중

"주택재건축사업"을 각각 "재건축사업"으로 한다.

제11조제1항 각 호 외의 부분 중 "주택재건축사업"을 "재건축사업"으로 하고, 같은 항 제3호 단서 중 "「국토의 계획 및 이용에 관한 법률」 및 「도시 및 주거환경정비법」"을 "「국토의 계획 및 이용에 관한 법률」, 「도시 및 주거환경정비법」 및 「빈집 및 소규모주택 정비에 관한 특례법」"으로 한다.

제17조제2항 중 "주택재건축사업"을 "재건축사업"으로 한다.

제21조제1항 중 "주택재건축사업"을 "재건축사업"으로 한다.

⑮ 재해위험 개선사업 및 이주대책에 관한 특별법 일부를 다음과 같이 개정한다.

제21조제1항 중 "주택재건축사업(이하 "재건축사업"이라 한다)"을 "재건축사업 및 「빈집 및 소규모주택 정비에 관한 특례법」 제2조제1항제3호다목의 소규모재건축사업"으로, "「도시 및 주거환경정비법」"을 "「도시 및 주거환경정비법」 및 「빈집 및 소규모주택 정비에 관한 특례법」"으로 한다.

⑯ 접경지역 지원 특별법 일부를 다음과 같이 개정한다.

제14조제1항제27호 중 "「도시 및 주거환경정비법」 제28조"를 "「도시 및 주거환경정비법」 제50조 및 「빈집 및 소규모주택 정비에 관한 특례법」 제29조"로, "사업시행인가"를 "사업시행계획인가"로 한다.

⑰ 제주특별자치도 설치 및 국제자유도시 조성을 위한 특별법 일부를 다음과 같이 개정한다.

제148조제1항제13호 중 "「도시 및 주거환경 정비법」 제28조"를 "「도시 및 주거환경정비법」 제50조 및 「빈집 및 소규모주택 정비에 관한 특례법」 제29조"로, "사업시행인가"를 "사업시행계획인가"로 한다.

⑱ 조세특례제한법 일부를 다음과 같이 개정한다.

제98조의3제2항제1호 중 "주택재개발사업 또는 주택재건축사업"을 "재개발사업 또는 재건축사업, 「빈집 및 소규모주택 정비에 관한 특례법」에 따른 소규모재건축사업"으로 한다.

제104조의19제1항제3호 중 "「도시 및 주거환경정비법」 제7조부터 제9조까지"를 "「도시 및 주거환경정비법」 제24조부터 제28조까지 및 「빈집 및 소규모주택 정비에 관한 특례법」 제17조부터 제19조까지"로 한다.

⑲ 주택도시기금법 일부를 다음과 같이 개정한다.

제9조제2항제1호가목 중 "바목까지의 사업"을 "다목까지의 사업, 「빈집 및 소규모주택 정비에 관한 특례법」 제2조제1항제2호 및 제3호의 사업"으로 한다.

⑳ 주택법 일부를 다음과 같이 개정한다.

제68조제3항 중 "주택재건축사업"을 "재건축사업 및 「빈집 및 소규모주택 정비에 관한 특례법」 제2조제1항제3호다목에 따른 소규모재건축사업"으로 한다.

㉑ 지방세법 일부를 다음과 같이 개정한다.

제7조제8항 본문 중 "「도시 및 주거환경정비법」 제16조제2항"을 "「도시 및 주거환경정비법」 제35조제3항 및 「빈집 및 소규모주택 정비에 관한 특례법」 제23조"로, "주택재건축조합"을 "재건축조합 및 소규모재건축조합"으로 한다.

㉒ 지방세특례제한법 일부를 다음과 같이 개정한다.

제143조제2항제1호 중 "주택재개발사업 또는 주택재건축사업"을 "재개발사업 또는 재건축사업, 「빈집 및 소규모주택 정비에 관한 특례법」에 따른 소규모재건축사업"으로 한다.

㉓ 친수구역 활용에 관한 특별법 일부를 다음과 같이 개정한다.

제15조제1항제12호 중 "「도시 및 주거환경정비법」 제28조"를 "「도시 및 주거환경정비법」 제50조 및 「빈집 및 소규모주택 정비에

관한 특례법」 제29조”로, “사업시행인가”를 “사업시행계획인가”로 한다.

㉔ 학교용지 확보 등에 관한 특례법 일부를 다음과 같이 개정한다.

제3조제1항 전단 중 “주택재건축사업”을 “재건축사업 및 「빈집 및 소규모주택 정비에 관한 특례법」 제2조제1항제3호다목의 소규모재건축사업”으로 한다.

제5조제1항제5호 중 “라목까지의 규정에 따른 정비사업”을 “다목까지의 규정에 따른 정비사업 및 「빈집 및 소규모주택 정비에 관한 특례법」 제2조제1항제3호나목·다목에 따른 소규모주택정비사업”으로, “정비구역”을 “정비구역 및 사업시행구역”으로 한다.

㉕ 한국토지주택공사법 일부를 다음과 같이 개정한다.

제19조제3항제6호 중 “「도시 및 주거환경정비법」 제52조제2항”을 “「도시 및 주거환경정비법」 제83조제2항 및 「빈집 및 소규모주택 정비에 관한 특례법」 제39조제2항”으로 한다.

㉖ 해양산업클러스터의 지정 및 육성 등에 관한 특별법 일부를 다음과 같이 개정한다.

제29조제1항제19호 중 “「도시 및 주거환경정비법」 제28조”를 “「도시 및 주거환경정비법」 제50조 및 「빈집 및 소규모주택 정비에 관한 특례법」 제29조”로, “사업시행인가”를 “사업시행계획인가”로 한다.

제9조(다른 법령과의 관계) 이 법 시행 당시 다른 법령에서 종전 법률 또는 그 규정을 인용하고 있는 경우 이 법에 그에 해당하는 규정이 있는 때에는 이 법 또는 이 법의 해당 규정을 인용한 것으로 본다.

부칙 〈제14719호, 2017. 3. 21.〉 (재건축초과이익 환수에 관한 법률)

제1조(시행일) 이 법은 공포 후 6개월이 경과한 날부터 시행한다. 다만, 부칙 제3조는 2018년 2월 9일부터 시행한다.
제2조 생략
제3조(다른 법률의 개정) 법률 제14569호 빈집 및 소규모주택 정비에 관한 특례법 일부를 다음과 같이 개정한다.
법률 제14569호 빈집 및 소규모주택 정비에 관한 특례법 부칙 제8조제14항을 다음과 같이 한다.
⑭ 재건축초과이익 환수에 관한 법률 일부를 다음과 같이 개정한다.
제1조 중 “주택재건축사업(이하 "재건축사업"이라 한다)”을 “재건축사업 및 「빈집 및 소규모주택 정비에 관한 특례법」에 따른 소규모재건축사업”으로 한다.
제2조제1호가목을 다음과 같이 하고, 같은 조 제4호 본문 및 제5호 본문 중 “주택재건축사업”을 각각 “재건축사업 및 「빈집 및 소규모주택 정비에 관한 특례법」 제2조제1항제3호다목에 따른 소규모재건축사업(이하 "재건축사업"이라 한다)”으로 한다.
가. 「도시 및 주거환경정비법」 제35조에 따라 설립된 재건축조합(같은 법 제27조제1항제3호에 따라 지정된 신탁업자를 포함한다) 및 「빈집 및 소규모주택 정비에 관한 특례법」 제23조에 따라 설립된 조합(이하 “조합”이라 한다)
제3조의2 중 “「도시 및 주거환경정비법」 제48조제1항에 따른 관리처분계획의 인가”를 “「도시 및 주거환경정비법」 제74조제1항에 따른 관리처분계획의 인가 및 「빈집 및 소규모주택 정비에 관한 특례법」 제29조제1항에 따른 사업시행계획인가”로 한다.
제5조 중 “주택재건축사업”을 “재건축사업”으로 한다.
제8조제1항 각 호 외의 부분 본문 중 “「도시 및 주거환경정비법」에 의한 당해 주택재건축사업”을 “재건축사업”으로 하고, 같은

항 각 호 외의 부분 단서 및 같은 항 제1호 중 “주택재건축사업”을 각각 “재건축사업”으로 하며, 같은 항 제3호 중 “「도시 및 주거환경정비법」 제8조제4항제8호”를 “「도시 및 주거환경정비법」 제27조제1항제3호”로 한다.

제8조제3항 각 호 외의 부분 본문 및 단서, 같은 항 제1호 중 “주택재건축사업”을 각각 “재건축사업”으로 한다.

제11조제1항 각 호 외의 부분 중 “주택재건축사업”을 “재건축사업”으로 하고, 같은 항 제3호 단서 중 “「국토의 계획 및 이용에 관한 법률」 및 「도시 및 주거환경정비법」”을 “「국토의 계획 및 이용에 관한 법률」, 「도시 및 주거환경정비법」 및 「빈집 및 소규모주택 정비에 관한 특례법」”으로 한다.

제17조제2항 중 “주택재건축사업”을 “재건축사업”으로 한다.

제21조제1항 중 “주택재건축사업”을 “재건축사업”으로 한다.

부칙 〈제15356호, 2018. 1. 16.〉 (민간임대주택에 관한 특별법)

제1조(시행일) 이 법은 공포 후 6개월이 경과한 날부터 시행한다.

제2조 부터 제11조까지 생략

제12조(다른 법률의 개정) ① 생략

② 법률 제14569호 빈집 및 소규모주택 정비에 관한 특례법 일부를 다음과 같이 개정한다.

제34조제5항 전단 중 “준공공임대주택(이하 "준공공임대주택"이라 한다)”을 “공공지원민간임대주택(이하 "공공지원민간임대주택"이라 한다)”으로 한다.

제49조제1항제2호를 다음과 같이 한다.

2. 공공지원민간임대주택

③부터 ⑥까지 생략

제13조 생략

부칙 〈제15456호, 2018. 3. 13.〉

제1조(시행일) 이 법은 공포 후 3개월이 경과한 날부터 시행한다.

제2조(주택단지 밖의 토지 편입에 관한 적용례) 제16조제3항 단서의 개정규정은 이 법 시행 후 최초로 사업시행계획인가를 신청하는 경우부터 적용한다.

부칙 〈제15489호, 2018. 3. 20.〉 (국가균형발전 특별법)

제1조(시행일) 이 법은 공포한 날부터 시행한다. 〈단서 생략〉

제2조 부터 제5조까지 생략

제6조(다른 법률의 개정) ①부터 ⑨까지 생략

⑩ 빈집 및 소규모주택 정비에 관한 특례법 일부를 다음과 같이 개정한다.

제33조제3항제7호나목4) 중 "「국가균형발전 특별법」 제18조에 따른 공공기관지방이전시책"을 "「국가균형발전 특별법」 제18조에 따른 공공기관지방이전 및 혁신도시 활성화를 위한 시책"으로 한다.

⑪부터 ⑳까지 생략

제7조 생략

부칙 〈제16387호, 2019. 4. 23.〉

제1조(시행일) 이 법은 공포 후 6개월이 경과한 날부터 시행한다.

제2조(빈집밀집구역 내 빈집정비사업 건설기준 완화 특례에 관한 적용례) 제46조의 개정규정은 이 법 시행 후 사업시행계획인가를 신청하는 경우부터 적용한다.

제3조(건축규제 완화 특례에 관한 적용례) 제48조제1항 및 제2항의 개정규정은 이 법 시행 후 사업시행계획인가를 신청하는 경우부터

적용한다.
제4조(임대주택 건설 특례에 관한 적용례) 제49조의 개정규정은 이 법 시행 후 사업시행계획인가를 신청하는 경우부터 적용한다.

부칙 〈제16415호, 2019. 4. 30.〉 (건설산업기본법)
제1조(시행일) ① 이 법은 공포 후 6개월이 경과한 날부터 시행한다. 〈단서 생략〉
② 생략
제2조(다른 법률의 개정) ①부터 ⑥까지 생략
⑦ 빈집 및 소규모주택 정비에 관한 특례법 일부를 다음과 같이 개정한다.
제10조제1항제2호 중 "「건설산업기본법」 제9조에 따른 건설업자"를"「건설산업기본법」 제9조에 따른 건설사업자"로 한다.
⑧부터 ⑪까지 생략
제3조 생략

부칙 〈제16496호, 2019. 8. 20.〉
제1조(시행일) 이 법은 공포 후 3개월이 경과한 날부터 시행한다.
제2조(다른 법률의 인ㆍ허가등의 의제 등에 관한 적용례) 제55조제1항의 개정규정은 이 법 시행 후 건축협정의 인가 등을 신청하는 경우부터 적용한다.

부칙 〈제17171호, 2020. 3. 31.〉 (전기안전관리법)
제1조(시행일) 이 법은 공포 후 1년이 경과한 날부터 시행한다. 〈단서 생략〉
제2조 부터 제5조까지 생략
제6조(다른 법률의 개정) ①부터 ㉕까지 생략

㉖ 빈집 및 소규모주택 정비에 관한 특례법 일부를 다음과 같이 개정한다.

제55조제1항제11호 중 "「전기사업법」 제62조"를 "「전기안전관리법」 제8조"로 한다.

㉗부터 〈60〉까지 생략

제7조 생략

부칙 〈제17453호, 2020. 6. 9.〉 (법률용어 정비를 위한 국토교통위원회 소관 78개 법률 일부개정을 위한 법률)

이 법은 공포한 날부터 시행한다. 〈단서 생략〉

부칙 〈제17484호, 2020. 8. 18.〉

이 법은 공포 후 6개월이 경과한 날부터 시행한다.

부칙 〈제17689호, 2020. 12. 22.〉 (국가경찰과 자치경찰의 조직 및 운영에 관한 법률)

제1조(시행일) 이 법은 2021년 1월 1일부터 시행한다.

제2조 부터 제6조까지 생략

제7조(다른 법률의 개정) ①부터 ㉗까지 생략

㉘ 빈집 및 소규모주택 정비에 관한 특례법 일부를 다음과 같이 개정한다.

제4조제7항 및 제15조제5항 후단 중 "지방경찰청장"을 각각 "시·도경찰청장"으로 한다.

㉙부터 〈53〉까지 생략

제8조 생략

부칙 〈제17893호, 2021. 1. 12.〉 (지방자치법)

제1조(시행일) 이 법은 공포 후 1년이 경과한 날부터 시행한다.
제2조 부터 제21조까지 생략
제22조(다른 법률의 개정) ①부터 ㉖까지 생략

㉗ 빈집 및 소규모주택 정비에 관한 특례법 일부를 다음과 같이 개정한다. 〈개정 2021. 4. 13.〉

제13조제7호 중 "「지방자치법」 제175조"를 "「지방자치법」 제198조"로 한다.

㉘부터 〈69〉까지 생략

제23조 생략

부칙 〈제18049호, 2021. 4. 13.〉

제1조(시행일) 이 법은 공포 후 6개월이 경과한 날부터 시행한다. 다만, 제4조제1항 및 제5조제1항의 개정규정은 2022년 1월 1일부터 시행한다.

제2조(이행강제금 부과에 관한 적용례) 제65조의 개정규정은 이 법 시행 이후 제11조제1항에 따라 조치명령을 하는 경우부터 적용한다.

제3조(다른 법률의 개정) 법률 제17893호 지방자치법 전부개정법률 일부를 다음과 같이 개정한다.

부칙 제22조제27항 중 "제13조제6호"를 "제13조제7호"로 한다.

부칙 〈제18314호, 2021. 7. 20.〉

제1조(시행일) 이 법은 공포 후 2개월이 경과한 날부터 시행한다. 다만, 법률 제18049호 빈집 및 소규모주택 정비에 관한 특례법 일부개정법률 제44조의 개정규정은 2021년 10월 14일부터 시행한다.

제2조(토지등소유자의 자격 등에 관한 적용례) 제22조제9항의 개정규정은 이 법 시행 이후 주민합의체 구성을 신고하는 경우부터 적

용한다.

제3조(토지등소유자의 분양신청에 관한 특례) ① 시장·군수등 또는 제18조제1항에 따라 공공시행자로 지정된 토지주택공사등이 관리지역에서 가로주택정비사업을 시행하는 경우 2021년 6월 30일부터 토지등에 대한 소유권을 취득하기 위한 등기를 마쳐 토지등소유자가 된 자는 제28조제3항에 따른 대지 또는 건축물의 분양을 신청할 수 없다. 다만, 상속이나 이혼을 원인으로 토지등의 소유권이 변동된 경우에는 그러하지 아니하다. 〈개정 2023. 4. 18.〉

② 삭제 〈2023. 4. 18.〉

③ 제1항에도 불구하고 2021년 2월 4일까지 「건축법」 제2조제2항제2호에 따른 공동주택의 건축을 위한 건축허가(「주택법」 제19조에 따라 주택사업계획승인을 받아 건축허가가 의제되는 경우를 포함한다)를 받은 주택에 대하여 제43조의2제3항의 개정규정에 따른 관리계획의 고시일 이전에 분양계약을 체결하고 제18조제2항에 따른 사업시행자의 지정·고시 전까지 공동주택의 소유권을 이전받는 자는 제28조제3항에 따른 대지 또는 건축물의 분양을 신청할 수 있다. 〈개정 2023. 4. 18.〉

제4조(건축물을 분양받을 권리의 산정에 관한 특례) 제43조의4제4항(시장·군수등 또는 제18조제1항에 따라 공공시행자로 지정된 토지주택공사등이 관리지역에서 시행하는 가로주택정비사업에 한정한다)의 개정규정에 따른 건축물을 분양받을 권리의 산정일은 2021년 6월 29일을 기준으로 한다. 〈개정 2023. 4. 18.〉

제5조(다른 법률의 개정) 토지이용규제 기본법 일부를 다음과 같이 개정한다.

별표에 연번 241 및 242를 각각 다음과 같이 신설한다.

241	「빈집 및 소규모주택 정비에 관한 특례법」 제17조의2	소규모재개발사업 시행예정구역
242	「빈집 및 소규모주택 정비에 관한 특례법」 제43조의2	소규모주택정비 관리지역

부칙 〈제18510호, 2021. 10. 19.〉

이 법은 공포 후 3개월이 경과한 날부터 시행한다.

부칙 〈제18522호, 2021. 11. 30.〉 (소방시설 설치 및 관리에 관한 법률)

제1조(시행일) 이 법은 공포 후 1년이 경과한 날부터 시행한다. 〈단서 생략〉

제2조 부터 제13조까지 생략

제14조(다른 법률의 개정) ①부터 ㉕까지 생략

㉖ 빈집 및 소규모주택 정비에 관한 특례법 일부를 다음과 같이 개정한다.

제55조제1항제12호 중 "「화재예방, 소방시설 설치 · 유지 및 안전관리에 관한 법률」 제7조"를 "「소방시설 설치 및 관리에 관한 법률」 제6조"로 한다.

㉗부터 〈54〉까지 생략

제15조 생략

부칙 〈제18831호, 2022. 2. 3.〉

제1조(시행일) 이 법은 공포 후 6개월이 경과한 날부터 시행한다.

제2조(조합설립인가에 관한 적용례) 제23조의 개정규정은 이 법 시행 이후 조합설립인가를 신청하는 경우부터 적용한다.

제3조(행위제한 등에 관한 적용례) 제23조의3의 개정규정은 이 법 시행 이후 공공시행자 및 지정개발자 지정 고시, 주민합의체 구성

고시 또는 조합설립인가 고시가 있는 경우부터 적용한다.

제4조(조합원의 자격에 관한 적용례) 제24조제2항의 개정규정은 이 법 시행 이후 조합설립인가를 신청하는 경우부터 적용한다.

제5조(청산금 가격평가에 관한 적용례) 제41조의 개정규정은 이 법 시행 이후 사업시행계획인가를 신청하는 경우부터 적용한다.

제6조(다른 법률의 개정) 토지이용규제 기본법 일부를 다음과 같이 개정한다.

별표에 연번 243을 다음과 같이 신설한다.

243	「빈집 및 소규모주택 정비에 관한 특례법」 제2조 제1항제4호	소규모주택정비사업의 사업 시행구역

부칙 〈제19225호, 2023. 2. 14.〉 (기상법)

제1조(시행일) 이 법은 공포 후 1년이 경과한 날부터 시행한다.

제2조 부터 제5조까지 생략

제6조(다른 법률의 개정) ① 및 ② 생략

③ 빈집 및 소규모주택 정비에 관한 특례법 일부를 다음과 같이 개정한다.

제37조제4항제2호 중 "「기상법」 제13조"를 "「기상법」 제13조의 2"로 한다.

④부터 ⑥까지 생략

부칙 〈제19385호, 2023. 4. 18.〉

제1조(시행일) 이 법은 공포 후 6개월이 경과한 날부터 시행한다. 다만, 제17조의2, 제18조, 제19조, 제22조제10항, 제23조제9항, 제25조, 제28조의2, 제43조의2제4항, 제43조의4제4항, 제49조의2제1항, 법률 제18314호 빈집 및 소규모주택 정비에 관한 특례법 일부개정법률 부칙 제3조 및 제4조의 개정규정은 공포한 날부터 시행

한다.

제2조(이전고시 및 권리변동의 제한 등에 관한 적용례) 제40조제5항 개정규정은 이 법 시행 이후 제29조에 따라 사업시행계획인가를 받은 경우부터 적용한다.

제3조(다른 법률의 개정) 토지이용규제 기본법 일부를 다음과 같이 개정한다.

별표 중 연번 241을 삭제한다.

부칙 〈제19430호, 2023. 6. 9.〉 (지방자치분권 및 지역균형발전에 관한 특별법)

제1조(시행일) 이 법은 공포 후 1개월이 경과한 날부터 시행한다. 〈단서 생략〉

제2조 부터 제20조까지 생략

제21조(다른 법률의 개정) ①부터 ㉗까지 생략

㉘ 빈집 및 소규모주택 정비에 관한 특례법 일부를 다음과 같이 개정한다.

제33조제3항제7호나목4) 중 "「국가균형발전 특별법」 제18조"를 "「지방자치분권 및 지역균형발전에 관한 특별법」 제25조"로 한다.

㉙부터 〈54〉까지 생략

제22조 생략

부칙 〈제20549호, 2024. 12. 3.〉 (도시 및 주거환경정비법)

제1조(시행일) 이 법은 공포 후 6개월이 경과한 날부터 시행한다. 〈단서 생략〉

제2조 부터 제5조까지 생략

제6조(다른 법률의 개정) ①부터 ③까지 생략

④ 빈집 및 소규모주택 정비에 관한 특례법 일부를 다음과 같이

개정한다.

제56조제1항 전단 중 “같은 법 제38조 및 제40조부터 제46조까지”를 “같은 법 제38조, 제40조부터 제43조까지, 제43조의2, 제44조, 제44조의2, 제45조 및 제46조”로 한다.

⑤ 및 ⑥ 생략

빈집 및 소규모주택 정비에 관한 특례법 시행령

(약칭 : 소규모주택정비법 시행령)

[시행 2025. 5. 27.] [대통령령 제35551호, 2025. 5. 27., 일부개정]

**개정 예정 법률 밑줄 별도 표시.

빈집 및 소규모주택 정비에 관한 특례법 시행령
(약칭 : 소규모주택정비법 시행령)

[시행 2025. 5. 27.] [대통령령 제35551호, 2025. 5. 27., 일부개정]

제1장 총칙

제1조(목적) 이 영은 「빈집 및 소규모주택 정비에 관한 특례법」에서 위임된 사항과 그 시행에 필요한 사항을 규정함을 목적으로 한다.

제2조(빈집에서 제외되는 주택) 「빈집 및 소규모주택 정비에 관한 특례법」(이하 “법”이라 한다) 제2조제1항제1호 단서에서 “미분양주택 등 대통령령으로 정하는 주택”이란 다음 각 호의 주택을 말한다.

1. 「공공주택 특별법」 제2조제1호가목의 공공임대주택(이하 “공공임대주택”이라 한다)

2. 「건축법」 제11조에 따른 건축허가 또는 「주택법」 제15조에 따른 사업계획승인을 받은 자가 건축하여 보유하고 있는 미분양주택으로서 「건축법」 제22조제2항에 따른 사용승인 또는 「주택법」 제49조제1항에 따른 사용검사를 받은 후 5년이 경과하지 아니한 주택

3. 삭제 〈2025. 5. 27.〉

4. 「주택법 시행령」 제4조에 따른 준주택. 다만, 같은 조 제4호에 따른 오피스텔은 제외한다.

5. 별장 등 일시적 거주 또는 사용을 목적으로 하는 주택

제3조(소규모주택정비사업 대상 지역) ① 법 제2조제1항제3호 각 목 외의 부분에서 "노후·불량건축물의 밀집 등 대통령령으로 정하는 요건에 해당하는 지역 또는 가로구역(街路區域)"이란 다음 각 호의 구분에 따른 지역을 말한다. 〈개정 2018. 6. 12., 2019. 10. 22., 2020. 3. 17., 2021. 9. 17., 2021. 12. 16., 2022. 8. 2., 2023. 7. 7., 2023. 10. 18., 2023. 11. 28., 2024. 3. 19., 2024. 11. 5.〉

1. 자율주택정비사업: 빈집밀집구역, 소규모주택정비 관리지역, 「지방자치분권 및 지역균형발전에 관한 특별법」에 따른 도시활력증진지역 개발사업의 시행구역, 「국토의 계획 및 이용에 관한 법률」 제51조에 따른 지구단위계획구역, 「도시 및 주거환경정비법」 제20조·제21조에 따라 정비예정구역·정비구역이 해제된 지역 또는 같은 법 제23조제1항제1호에 따른 방법으로 시행하는 주거환경개선사업의 정비구역, 「도시재생 활성화 및 지원에 관한 특별법」 제2조제1항제5호의 도시재생활성화지역 또는 그 밖에 특별시·광역시·특별자치시·도·특별자치도 또는 「지방자치법」 제198조제1항에 따른 서울특별시·광역시 및 특별자치시를 제외한 인구 50만 이상 대도시의 조례(이하 "시·도조례"라 한다)로 정하는 지역으로서 다음 각 목의 요건을 모두 갖춘 지역

가. 노후·불량건축물의 수가 해당 사업시행구역의 전체 건축물 수의 100분의 60(소규모주택정비 관리지역의 경우에는 100분의 50) 이상일 것

나. 해당 사업시행구역 내 기존 주택(이하 "기존주택"이라 한다)의 호수(戶數) 또는 세대수가 다음의 구분에 따른 기준 미만일 것. 다만, 지역 여건 등을 고려하여 해당 기준의 1.8배 이하의 범위에서 시·도조례로 그 기준을 달리 정할 수 있다.

1) 기존주택이 모두 「주택법」 제2조제2호의 단독주택(이하

"단독주택"이라 한다)인 경우: 10호

2) 기존주택이 「건축법 시행령」 별표 1 제2호나목에 따른 연립주택(이하 "연립주택"이라 한다) 또는 같은 호 다목에 따른 다세대주택(이하 "다세대주택"이라 한다)으로 구성된 경우: 20세대(연립주택과 다세대주택의 세대수를 합한 수를 말한다)

3) 기존주택의 구성이 다음의 어느 하나에 해당하는 경우: 20채(단독주택의 호수와 연립주택·다세대주택의 세대수를 합한 수를 말한다)

가) 단독주택과 연립주택으로 구성

나) 단독주택과 다세대주택으로 구성

다) 단독주택, 연립주택 및 다세대주택으로 구성

다. 해당 사업시행구역에 나대지(裸垈地)를 포함하려는 경우에는 다음의 어느 하나에 해당하는 나대지로서 그 면적은 사업시행구역 전체 토지 면적의 2분의 1 이내일 것

1) 진입도로 등 정비기반시설의 설치에 필요한 나대지

2) 노후·불량건축물의 철거로 발생한 나대지

3) 법 제9조제3호에 따른 빈집의 철거로 발생한 나대지

4) 그 밖에 지형여건·주변환경을 고려할 때 사업 시행상 불가피하게 포함되는 나대지로서 시·도조례로 정하는 기준을 충족하는 나대지

2. 가로주택정비사업: 가로구역의 전부 또는 일부로서 다음 각 목의 요건을 모두 갖춘 지역

가. 해당 사업시행구역의 면적이 1만제곱미터 미만일 것. 다만, 지역 여건 등을 고려하여 시·도조례로 정하는 경우에는 1만3천제곱미터 미만으로 할 수 있고, 사업시행구역이 소규모주택정비 관리지역인 경우이거나 다음의 요건을 모두 갖춘 경우에는 2만제곱미터 미만으로 할 수 있으며, 소규모주택정비 관리지역으로서 1) 및 2)의

요건을 모두 갖춘 경우에는 4만제곱미터 미만으로 할 수 있다.

1) 특별자치시장 · 특별자치도지사 · 시장 · 군수 또는 자치구의 구청장(이하 "시장 · 군수등"이라 한다) 또는 법 제10조제1항제1호에 따른 토지주택공사등(이하 "토지주택공사등"이라 한다)이 법 제17조제3항 또는 제18조제1항에 따라 공동 또는 단독으로 사업을 시행할 것

2) 다음의 어느 하나에 해당하는 비율이 10퍼센트 이상일 것

가) 가로주택정비사업으로 건설하는 건축물의 전체 연면적 대비 공공임대주택 연면적의 비율

나) 가로주택정비사업으로 건설하는 주택의 전체 세대수 대비 공공임대주택 세대수의 비율

3) 사업시행자는 법 제30조에 따른 사업시행계획서(사업시행구역 면적을 1만제곱미터 미만에서 1만제곱미터 이상 2만제곱미터 미만으로 변경하는 경우로서 법 제29조제1항 본문에 따라 사업시행계획서를 변경하는 경우를 포함한다)를 작성하기 전에 다음의 요건을 모두 충족할 것. 이 경우 「국토의 계획 및 이용에 관한 법률」 제51조에 따라 지구단위계획구역을 지정할 수 있거나 지정해야 하는 경우 또는 지구단위계획구역 및 지구단위계획이 지정 · 수립되어 있는 경우로서 같은 법 제30조제5항 본문에 따라 이를 변경해야 하는 경우로 한정한다.

가) 「국토의 계획 및 이용에 관한 법률 시행령」 제19조의2제2항제2호에 따른 토지소유자의 동의를 받을 것

나) 가) 요건을 갖춘 후 「국토의 계획 및 이용에 관한 법률」 제113조제1항 및 제2항에 따라 특별자치시 · 특별자치도 · 시 · 군 · 구(자치구를 말한다)에 설치하는 도시계획위원회(이하 "지방도시계획위원회"라 한다)의 심의를 받을 것. 이 경우 지방도시계획위원회는 제2항제2호나목에 따른 사항을 함께 심의할 수 있다.

나. 노후 · 불량건축물의 수가 해당 사업시행구역 전체 건축물

수의 100분의 60(소규모주택정비 관리지역 또는 「도시재정비 촉진을 위한 특별법」 제2조제1호에 따른 재정비촉진지구의 경우에는 100분의 50) 이상일 것

다. 기존주택의 호수 또는 세대수가 다음의 구분에 따른 기준 이상일 것

1) 기존주택이 모두 단독주택인 경우: 10호

2) 기존주택이 모두 「주택법」 제2조제3호의 공동주택(이하 "공동주택"이라 한다)인 경우: 20세대

3) 기존주택이 단독주택과 공동주택으로 구성된 경우: 20채(단독주택의 호수와 공동주택의 세대수를 합한 수를 말한다. 이하 이 목에서 같다). 다만, 기존주택 중 단독주택이 10호 이상인 경우에는 기존주택의 총합이 20채 미만인 경우에도 20채로 본다.

3. 소규모재건축사업: 「도시 및 주거환경정비법」 제2조제7호의 주택단지(이하 "주택단지"라 한다)로서 하나의 주택단지 또는 둘 이상이 연접(주택단지 사이에 도로가 있는 경우에는 시ㆍ도조례로 정하는 바에 따라 해당 도로가 폐지되거나 노선이 변경되는 경우만 해당한다)한 주택단지 중 다음 각 목의 요건을 모두 충족한 지역

가. 해당 사업시행구역의 면적이 1만제곱미터 미만일 것

나. 노후ㆍ불량건축물의 수가 해당 사업시행구역 전체 건축물 수의 100분의 60(소규모주택정비 관리지역 또는 「도시재정비 촉진을 위한 특별법」 제2조제1호에 따른 재정비촉진지구의 경우에는 100분의 50) 이상일 것

다. 기존주택의 세대수가 200세대 미만일 것

4. 소규모재개발사업: 다음 각 목의 지역

가. 소규모재개발사업을 시행하려는 지역의 면적 과반이 「철도의 건설 및 철도시설 유지관리에 관한 법률」, 「철도산업발전기본법」 또는 「도시철도법」에 따라 건설ㆍ운영되는 철도역(개통 예정인 역을

포함한다)의 승강장 경계로부터 반경 350미터 이내인 지역으로서 다음의 기준을 모두 충족하는 지역. 다만, 승강장 경계로부터의 반경은 지역 여건을 고려해 100분의 30 범위에서 시ㆍ도조례로 정하는 비율로 증감할 수 있다.

1) 해당 사업시행구역의 면적이 5천제곱미터 미만일 것

2) 노후ㆍ불량건축물의 수가 해당 사업시행구역의 전체 건축물 수의 100분의 60(소규모주택정비 관리지역 또는 「도시재정비 촉진을 위한 특별법」 제2조제1호에 따른 재정비촉진지구의 경우에는 100분의 50) 이상일 것

3) 해당 사업시행구역이 국토교통부령으로 정하는 도로에 접할 것

나. 「국토의 계획 및 이용에 관한 법률 시행령」 제30조제1항제3호다목의 준공업지역으로서 가목1)부터 3)까지에서 규정한 기준을 모두 충족하는 지역

② 제1항제2호 각 목 외의 부분에 따른 가로구역은 다음 각 호의 요건을 모두 갖춰야 한다. 다만, 소규모주택정비 관리지역인 가로구역의 경우에는 제3호의 요건을 적용하지 않는다. 〈신설 2019. 10. 22., 2020. 3. 17., 2021. 9. 17., 2022. 1. 18., 2023. 11. 28., 2024. 3. 19.〉

1. 해당 가로구역은 국토교통부령으로 정하는 도로 및 시설로 둘러싸인 일단(一團)의 지역일 것. 다만, 소규모주택정비 관리지역인 경우는 제외한다.

2. 해당 가로구역의 면적은 1만제곱미터 미만일 것. 다만, 다음 각 목의 어느 하나에 해당하는 경우에는 다음 각 목의 구분에 따른 면적 미만으로 할 수 있다.

가. 지역여건 등을 고려하여 시ㆍ도조례로 기준 면적을 달리 정하는 경우: 1만3천제곱미터

나. 사업시행자가 법 제30조에 따른 사업시행계획서(법 제29조제1항 본문에 따라 사업시행계획서를 변경하는 경우를 포함한다)를 작성하기 전에 사업시행에 따른 정비기반시설 및 공동이용시설의 적정성 여부에 대하여 지방도시계획위원회의 심의를 거친 경우: 2만제곱미터

다. 소규모주택정비 관리지역인 경우: 4만제곱미터

3. 「국토의 계획 및 이용에 관한 법률」에 따른 도시·군계획시설인 도로(같은 법 제32조제4항에 따라 신설·변경에 관한 지형도면의 고시가 된 도로를 포함한다)로서 폭이 4미터(제1항제2호가목1)부터 3)까지 외의 부분 단서에 해당하는 지역으로서 사업시행구역의 면적이 1만제곱미터 이상 4만제곱미터 미만인 지역의 경우에는 6미터)를 초과하는 도로가 해당 가로구역을 통과하지 않을 것

③ 법 제43조제2항·제3항에 따라 사업시행자가 새로 설치하는 정비기반시설이 그 시설을 관리할 국가 또는 지방자치단체에 귀속되는 경우에는 해당 시설의 면적을 다음 각 호의 면적에 산입하지 않는다. 〈신설 2023. 10. 18.〉

1. 제1항제2호가목, 같은 항 제3호가목 및 같은 항 제4호가목1)에 따른 사업시행구역의 면적

2. 제2항제2호에 따른 가로구역의 면적

④ 법 제2조제1항제3호다목2) 본문 및 단서에서 "대통령령으로 정하는 비율"이란 각각 100분의 120을 말한다. 〈신설 2022. 1. 18., 2023. 10. 18.〉

제2장 빈집정비사업

제1절 빈집정비계획의 수립 등

제4조(빈집정비계획의 수립 및 변경) ① 법 제4조제1항제5호에서 "대통령령으로 정하는 사항"이란 다음 각 호의 사항을 말한다. 다

만, 제4호부터 제6호까지의 사항은 시장·군수등이 빈집정비사업을 시행하는 경우로 한정한다. 〈개정 2019. 10. 22., 2020. 3. 17., 2021. 10. 14.〉

1. 법 제5조에 따른 빈집이나 빈집으로 추정되는 주택(이하 "빈집등"이라 한다)에 대한 조사(이하 "실태조사"라 한다) 결과

2. 법 제11조제1항에 따른 빈집의 철거 등 필요한 조치에 관한 계획

3. 법 제44조에 따른 비용의 보조 또는 출자·융자 등 빈집정비사업의 지원 대상·기준 및 내용

4. 빈집정비사업의 사업시행구역, 예정시기, 시행방법 및 사업시행자

5. 임대주택 공급에 관한 계획

6. 임시로 거주할 수 있는 시설의 공급에 관한 계획

7. 그 밖에 시장·군수등이 빈집정비사업 추진에 필요하다고 인정하는 사항

② 법 제4조제3항 단서에서 "대통령령으로 정하는 경미한 사항"이란 다음 각 호의 사항을 말한다.

1. 빈집정비사업의 추진계획 중 추진기간 단축에 관한 사항

2. 빈집정비사업에 필요한 재원조달계획의 변경에 관한 사항

3. 계산착오·오기·누락 또는 이에 준하는 명백한 오류의 수정에 관한 사항

제5조(빈집정비계획의 수립절차 및 방법) ① 시장·군수등이 법 제4조제2항에 따라 빈집정비에 관한 계획(이하 "빈집정비계획"이라 한다)을 지역 주민에게 공람할 때에는 미리 공람의 주요 내용 및 장소를 해당 지방자치단체의 공보 및 인터넷 홈페이지(이하 "공보등"이라 한다)에 공고하고, 공람 장소에 관계 서류를 갖추어 두어야 한다.

② 제1항에 따라 공고된 내용에 대하여 의견이 있는 지역 주민은 법 제4조제2항에 따른 공람기간 이내에 시장·군수등에게 의견서(전자문서로 된 의견서를 포함한다)를 제출할 수 있다.

③ 시장·군수등은 제2항에 따라 제출된 의견을 검토하여 빈집정비계획에 반영하거나 반영하지 아니할 수 있다. 다만, 의견을 반영하지 아니하는 경우에는 의견을 제출한 지역 주민에게 그 사유를 알려주어야 한다.

④ 법 제4조제5항에 따른 빈집밀집구역 지정의 세부기준은 다음 각 호와 같다. 〈신설 2019. 10. 22.〉

1. 해당 구역의 면적이 1만제곱미터 미만으로서 다음 각 목의 어느 하나에 위치하지 않을 것

가. 「농어촌정비법」 제2조제1호 따른 농어촌 또는 같은 조 제2호에 따른 준농어촌

나. 「도시 및 주거환경정비법」 제2조제1호에 따른 정비구역(같은 법 제23조제1항제1호의 방법으로 주거환경개선사업이 시행되는 정비구역은 제외한다)

다. 「도시재정비 촉진을 위한 특별법」 제2조제1호에 따른 재정비촉진지구

2. 빈집의 수가 10호 이상이거나 빈집의 면적이 해당 구역 전체 토지 면적의 20퍼센트 이상일 것

3. 노후·불량건축물의 수가 해당 구역 내 전체 건축물 수의 3분의 2 이상이거나 정비기반시설이 현저히 부족하여 재해발생 시 피난 및 구조 활동이 곤란한 지역일 것

⑤ 시장·군수등은 빈집정비계획의 수립을 위하여 필요한 경우 법 제15조제1항에 따라 구축된 빈집정보시스템(이하 "빈집정보시스템"이라 한다)으로 처리한 빈집정보를 활용할 수 있다. 〈신설 2021. 10. 14.〉

제6조(실태조사의 내용) 법 제5조제1항제5호에서 “빈집 발생 사유 등 대통령령으로 정하는 사항”이란 다음 각 호의 사항을 말한다. 〈개정 2022. 8. 2.〉

1. 빈집 및 그 대지의 안전상태
2. 빈집의 대지에 인접한 도로 및 건축물 등의 현황
3. 빈집의 설계도서 현황
4. 빈집의 발생 사유
5. 법 제5조제1항제1호부터 제4호까지의 사항에 관한 빈집 소유자의 의견
6. 법 제9조에 따른 빈집정비사업의 시행방법에 대한 소유자의 의견
7. 그 밖에 시장·군수등이 빈집정비계획 수립에 필요하다고 인정하는 사항

제7조(실태조사의 대행기관) 법 제5조제2항에서 “대통령령으로 정하는 전문기관”이란 다음 각 호의 기관을 말한다. 〈개정 2020. 12. 8., 2025. 2. 7.〉

1. 「한국국토정보공사법」에 따른 한국국토정보공사(이하 “한국국토정보공사”라 한다)
2. 「정부출연연구기관 등의 설립·운영 및 육성에 관한 법률」에 따라 설립된 국토연구원
3. 「지방공기업법」에 따라 설립된 지방공사(이하 “지방공사”라 한다)
4. 「지방자치단체출연 연구원의 설립 및 운영에 관한 법률」에 따라 설립된 지방연구원
5. 「한국부동산원법」에 따른 한국부동산원(이하 “한국부동산원”이라 한다)
6. 「한국토지주택공사법」에 따른 한국토지주택공사(이하 “한국토

지주택공사"라 한다)

제8조(실태조사의 방법 및 절차) ① 시장·군수등은 실태조사를 실시하기 위해서는 실태조사 실시 30일 전까지 다음 각 호의 사항을 포함한 조사계획을 수립하여야 한다.

1. 실태조사의 취지 및 법적 근거
2. 실태조사의 기간 및 대상
3. 실태조사의 내용
4. 실태조사를 대행하는 전문기관(법 제5조제2항에 따라 전문기관을 지정한 경우만 해당한다)
5. 그 밖에 시장·군수등이 실태조사의 실시에 필요하다고 인정하는 사항

② 시장·군수등은 제1항에 따른 조사계획이 수립된 때에는 그 내용을 해당 지방자치단체의 공보등에 14일 이상 고시하여야 한다.

③ 시장·군수등은 실태조사를 위하여 필요한 경우 빈집정보시스템으로 처리한 빈집정보를 활용할 수 있다. 〈개정 2021. 10. 14.〉

제8조의2(빈집의 등급 산정기준) ① 법 제5조제4항에서 "대통령령으로 정하는 기준"이란 다음 각 호의 기준을 말한다.

1. 외벽·기둥·지붕 등 주요 구조부의 노후·불량 정도
2. 난방·급수·전기 설비 등 내부시설의 노후·불량 정도
3. 주변의 안전·통행·위생·경관 등에 미치는 영향의 정도

② 법 제5조제4항에 따른 빈집의 등급은 노후·불량 정도 및 주변에 미치는 영향의 정도가 낮은 순서에 따라 제1등급부터 제3등급까지로 구분한다. 〈개정 2023. 10. 18.〉

③ 제1항 및 제2항에서 규정한 사항 외에 빈집의 등급산정에 필요한 세부 기준은 국토교통부장관이 정하여 고시한다.

[본조신설 2021. 10. 14.]

제8조의3(빈집등에 관한 자료 또는 정보의 이용 및 요청) 법 제8조

제1항제4호에서 “등기사항증명서 등 대통령령으로 정하는 자료 또는 정보”란 다음 각 호의 자료 또는 정보를 말한다.

1. 등기사항증명서

2. 「전기사업법」 제19조제1항에 따른 전력량계의 철거에 관한 자료 또는 정보

3. 「신에너지 및 재생에너지 개발 · 이용 · 보급 촉진법」 제2조제2호가목에 따른 태양에너지를 이용하는 발전설비의 설치에 관한 자료 또는 정보

4. 「도시가스사업법」에 따른 도시가스 요금 부과(고지) 내역

5. 「수도법」에 따른 수도 사용량 및 단수(斷水) 정보

6. 폐공가(廢空家) 현황자료

[본조신설 2023. 10. 18.]

제2절 빈집정비사업의 시행방법 등

제9조(빈집의 철거 등 절차) ① 시장 · 군수등은 법 제11조제1항에 따라 빈집의 철거 등 필요한 조치를 명하는 경우 국토교통부령으로 정하는 바에 따라 조치명령의 내용 및 사유 등을 빈집의 소유자에게 알려야 한다.

② 제1항에 따른 조치명령 중 빈집의 철거는 법 제4조제4항 전단에 따라 빈집정비계획을 고시한 날(법 제11조제1항 각 호 외의 부분 단서에 따라 지방건축위원회의 심의를 거치는 경우에는 빈집 소유자에게 지방건축위원회 심의 결과가 통지된 날을 말한다)부터 6개월 이상의 범위에서 시 · 도조례로 정하는 기간이 지난 때에 명할 수 있다. 〈개정 2022. 8. 2.〉

③ 제1항에 따른 조치명령을 받은 빈집 소유자는 천재지변이나 그 밖의 부득이한 사유로 법 제11조제1항 각 호 외의 부분 후단에 따른 이행기간 내에 조치의 이행이 불가능한 경우 그 기간이 종료되기

7일 전까지 이행기간의 연장을 시장·군수등에게 신청할 수 있다.

④ 시장·군수등은 법 제11조제2항에 따라 빈집에 대한 직권 철거를결정한 때에는 철거 사유 등을 빈집 소유자에게 통보하여야 하며, 철거 예정일이 결정된 때에는 철거 예정일 7일 전까지 빈집 소유자에게 국토교통부령으로 정하는 바에 따라 철거통지서를 송달하여야 한다.

[제목개정 2021. 10. 14.]

제10조(빈집의 철거보상비) ① 법 제11조제4항 전단에서 "대통령령으로 정하는 정당한 보상비"란 「감정평가 및 감정평가사에 관한 법률」에 따른 감정평가법인등(이하 "감정평가법인등"이라 한다) 2인 이상이 평가한 금액의 산술평균치를 말한다. 〈개정 2022. 1. 21.〉

② 빈집 소유자는 제9조제4항에 따라 직권 철거 결정을 알게 된 날부터 14일 이내에 시장·군수등에게 감정평가법인등 1인을 추천하여야 하며, 시장·군수등은 빈집 소유자가 추천하는 감정평가법인등 1인을 포함하여 제1항에 따른 감정평가법인등을 선정하여야 한다. 다만, 빈집 소유자의 소재를 알 수 없거나 빈집 소유자가 본문에 따른 기간 내에 감정평가법인등을 추천하지 아니한 경우에는 그러하지 아니하다. 〈개정 2022. 1. 21.〉

③ 제1항에 따른 보상비의 산정은 시장·군수등이 제9조제4항에 따라 빈집에 대한 직권 철거 결정을 빈집 소유자에게 통보한 시점을 기준으로 한다.

④ 제1항 및 제2항에서 규정한 사항 외에 감정평가법인등의 선정 절차 및 방법에 관하여 필요한 사항은 시·도조례로 정한다. 〈개정 2022. 1. 21.〉

제10조의2(빈집의 매입) ① 법 제11조의2제1항 및 제2항에 따른 빈집의 매입 가격은 감정평가법인등 2인 이상(빈집 소유자가 추천한 1인을 포함한다)이 평가한 금액의 산술평균치로 한다. 〈개정 2022.

1. 21.〉

② 빈집 소유자는 법 제11조의2제2항에 따라 빈집의 매수를 요청하려는 경우에는 국토교통부령으로 정하는 빈집매입청구서(전자문서로 된 청구서를 포함한다)에 대상토지 및 건물에 대한 등기사항증명서를 첨부하여 관할 특별시장·광역시장·도지사, 시장·군수등에게 제출하거나 토지주택공사등에 제출해야 한다. 다만, 해당 특별시장·광역시장·도지사 및 시장·군수등은 「전자정부법」 제36조제1항에 따른 행정정보의 공동이용을 통하여 대상토지 및 건물에 대한 등기사항증명서를 확인할 수 있는 경우에는 그 확인으로 첨부서류의 제출을 갈음해야 한다. 〈개정 2020. 3. 17.〉

③ 빈집의 매입 방법·절차 등에 관하여 이 영에 특별한 규정이 있는 경우를 제외하고는 「공익사업을 위한 토지 등의 취득 및 보상에 관한 법률」 제14조부터 제17조까지의 규정을 준용한다.

[본조신설 2019. 10. 22.]

제10조의3(빈집에 대한 현장조사) 시장·군수등은 법 제11조의3제2항에 따라 빈집에 대한 신고를 접수한 날부터 30일 이내에 다음 각 호의 방법으로 현장조사를 실시해야 한다.

1. 빈집 해당 여부 확인
2. 빈집의 노후·불량 정도 확인
3. 빈집의 소유자·점유자 또는 관리인(이하 "소유자등"이라 한다)과의 면담
4. 빈집 주변 거주자의 의견 청취

[본조신설 2021. 10. 14.]

제10조의4(빈집의 소유자등에 대한 행정지도) 시장·군수등은 법 제11조의3제3항에 따라 행정지도를 하는 경우 다음 각 호의 사항을 빈집의 소유자등에게 알려야 한다.

1. 행정지도의 취지

2. 빈집의 안전확보를 위하여 필요한 조치의 내용

3. 주변 경관 개선, 생활환경 보전을 위하여 필요한 조치의 내용

4. 그 밖에 빈집의 개량이나 효율적인 관리·활용 등을 위하여 필요한 사항

[본조신설 2021. 10. 14.]

제3절 사업시행계획인가 등

제11조(사업시행계획인가의 경미한 변경) 법 제12조제1항 단서에서 "대통령령으로 정하는 경미한 사항을 변경하는 경우"란 다음 각 호의 어느 하나에 해당하는 경우를 말한다.

1. 빈집정비사업의 소요비용을 20퍼센트의 범위에서 가감하는 경우. 다만, 「주택법」 제2조제5호에 따른 국민주택(이하 "국민주택"이라 한다)을 건설하는 사업의 경우에는 「주택도시기금법」에 따른 주택도시기금(이하 "주택도시기금"이라 한다)으로 지원받는 자금의 총액이 증가하지 아니하는 경우로 한정한다.

2. 대지면적을 20퍼센트 범위에서 가감하는 경우

3. 세대수와 세대별 주거전용면적(「주택법」 제2조제6호에 따른 주거전용면적을 말한다. 이하 같다)의 변경 없이 세대별 주거전용면적의 20퍼센트 범위에서 내부구조의 위치 또는 면적을 변경하는 경우

4. 건축물이 아닌 부대시설 또는 복리시설의 설치 규모를 확대하는 경우. 다만, 그 위치를 변경하는 경우는 제외한다.

5. 내장재료 또는 외장재료를 변경하는 경우

6. 사업시행계획인가 시 부과된 조건을 이행하기 위하여 변경하는 경우

7. 건축물의 용도별 위치 및 설계를 변경하지 아니하는 범위에서 건축물의 배치 및 주택단지 안의 도로선형을 변경하는 경우

8. 「건축법 시행령」 제12조제3항 각 호의 어느 하나에 해당하는

사항을 변경하는 경우

9. 사업시행자의 명칭 또는 사무소 소재지를 변경하는 경우

10. 빈집정비계획의 변경에 따라 사업시행계획서를 변경하는 경우

11. 그 밖에 시·도조례로 정하는 사항을 변경하는 경우

제12조(사업시행계획서의 작성) 법 제13조제7호에 따라 시·도조례로 정하는 사항은 다음 각 호의 사항을 말한다. 〈개정 2021. 10. 14.〉

1. 사업의 명칭 및 시행기간

2. 사업시행자의 성명 및 주소(법인인 경우에는 법인의 명칭·주소 및 대표자의 성명·주소를 말한다. 이하 같다)

3. 사업의 자금확보계획

4. 해당 사업의 토지 및 건축물 등에 관한 권리의 명세와 권리자의 성명 및 주소

5. 법 제9조제4호의 방법으로 빈집정비사업을 시행하는 경우 기존주택의 철거계획서(기존주택에 석면이 함유된 건축자재가 사용된 경우 그 현황과 해당 자재의 철거 및 처리계획을 포함한다)

6. 법 제13조제2호의 토지이용계획에 포함된 건축물의 설계도서

제13조(준공인가 및 공사완료 고시 등) ① 시장·군수등이 아닌 사업시행자는 법 제14조제1항에 따른 빈집정비사업의 준공인가(이하 "준공인가"라 한다)를 받으려면 다음 각 호의 사항을 포함한 준공인가신청서에 국토교통부령으로 정하는 서류를 첨부하여 시장·군수등에게 제출하여야 한다. 다만, 사업시행자가 한국토지주택공사인 경우로서 「한국토지주택공사법」 제19조제3항 및 같은 법 시행령 제41조제2항에 따라 준공인가 처리결과를 시장·군수등에게 통보한 경우에는 그러하지 아니하다.

1. 사업의 명칭

2. 사업시행자의 성명 및 주소

3. 사업의 목적 및 개요

4. 사업시행구역의 위치 및 면적

5. 사업시행기간

② 시장·군수등은 법 제14조제2항에 따라 준공인가를 한 때에는 국토교통부령으로 정하는 다음 각 호의 사항이 포함된 준공인가증을 사업시행자에게 내주어야 한다.

1. 제1항제1호·제2호 및 제4호의 사항

2. 준공인가 연월일

3. 준공인가 내역

③ 시장·군수등은 법 제14조제3항 및 제4항에 따라 공사의 완료를 고시하는 경우 제2항 각 호의 사항을 포함하여야 한다.

④ 사업시행자는 제2항에 따라 준공인가증을 받은 때(사업시행자가 한국토지주택공사인 경우에는 「한국토지주택공사법」 제19조제3항 및 같은 법 시행령 제41조제2항에 따라 준공인가 처리결과를 시장·군수등에게 통보한 때를 말한다)에는 제2항에 따라 고시하는 사항을 분양대상자에게 지체 없이 통보하여야 한다.

제14조(빈집정보시스템의 구축) ① 법 제15조제3항 전단에서 "대통령령으로 정하는 자료 또는 정보"란 다음 각 호의 자료 또는 정보를 말한다. 〈개정 2020. 10. 27., 2023. 10. 18.〉

1. 법 제8조제1항 각 호의 자료 또는 정보

2. 「건축법」 제38조에 따른 건축물대장의 사본

3. 「공간정보의 구축 및 관리 등에 관한 법률」 제71조에 따른 토지대장 및 임야대장의 사본

4. 「녹색건축물 조성 지원법」 제10조제1항에 따른 건축물 에너지·온실가스 정보

5. 「부동산 가격공시에 관한 법률」 제15조제1항에 따른 부동산 가격정보 및 관련 통계

6. 「부동산 거래신고 등에 관한 법률 시행령」 별표 1 제1호마목

의 실제 거래가격

② 법 제15조제3항에 따른 자료 또는 정보에 포함된 개인정보의 처리는 「개인정보 보호법」에 따른다.

제15조(빈집정보시스템의 구축·운영 전문기관) ① 법 제15조제4항에서 "대통령령으로 정하는 전문기관"이란 다음 각 호의 기관을 말한다. 〈개정 2020. 12. 8.〉

1. 한국부동산원
2. 한국국토정보공사
3. 한국토지주택공사
4. 지방공사로서 특별시장·광역시장·특별자치시장·도지사·특별자치도지사(이하 "시·도지사"라 한다)가 빈집정보시스템의 구축 및 운영을 수행할 수 있는 인력·기술 및 시설 등을 갖추었다고 인정하는 기관
5. 그 밖에 국토교통부장관이 빈집정보시스템의 구축 및 운영을 수행할 수 있는 인력·기술 및 시설 등을 갖추었다고 인정하는 기관

② 시·도지사는 법 제15조제4항에 따라 제1항 각 호의 기관이 빈집정보시스템을 구축·운영하게 한 경우 그 업무의 수행을 위하여 필요한 비용을 예산의 범위에서 지원할 수 있다.

제15조의2(빈집정보의 제공) 법 제15조제5항 후단에서 "대통령령으로 정하는 정보"란 다음 각 호의 정보를 말한다.

1. 법 제5조제1항제2호부터 제4호까지의 사항에 관한 조사 결과
2. 제6조제1호에 따른 사항에 관한 조사 결과

[본조신설 2019. 10. 22.]

[종전 제15조의2는 제15조의3으로 이동 〈2019. 10. 22.〉]

제3장 소규모주택정비사업

제1절 소규모주택정비사업의 시행방법 등

제15조의3(소규모주택정비사업의 편입 면적) 법 제16조제3항 각 호 외의 부분 단서에서 "대통령령으로 정하는 편입 면적 내"란 주택단지 면적의 100분의 20 미만을 말한다.

[본조신설 2018. 6. 12.]

[제15조의2에서 이동 〈2019. 10. 22.〉]

제15조의4 삭제 〈2023. 10. 18.〉

제16조(사업시행자 고시 및 통보) ① 법 제18조제2항 본문 및 제19조제2항 전단에서 "사업시행구역 등 대통령령으로 정하는 사항"이란 각각 다음 각 호의 사항을 말한다. 〈개정 2023. 10. 18.〉

1. 사업의 종류 및 명칭
2. 사업시행자의 성명 및 주소
3. 사업시행구역의 위치 및 면적
4. 사업의 착수예정일 및 준공예정일

② 시장·군수등은 법 제18조제2항 본문 또는 제19조제2항에 따른 고시를 한 때에는 토지등소유자에게 제1항 각 호의 사항을 통보하여야 한다.

제17조(지정개발자의 요건) 법 제19조제1항에서 "대통령령으로 정하는 요건을 갖춘 신탁업자"란 사업시행구역 면적의 3분의 1 이상의 토지를 신탁받은 신탁업자를 말한다.

제18조(시공자의 선정) ① 법 제20조제2항 단서 및 같은 조 제4항 단서에서 "대통령령으로 정하는 규모 이하의 소규모주택정비사업"이란 각각 토지등소유자 또는 조합원이 30인 이하인 소규모주택정비사업을 말한다. 〈개정 2022. 1. 18.〉

② 법 제20조제4항 본문에서 "대통령령으로 정하는 경쟁입찰"이란 다음 각 호의 요건을 모두 갖춘 입찰방법을 말한다.

1. 일반경쟁입찰·제한경쟁입찰 또는 지명경쟁입찰 중 하나일 것
2. 해당 지역에서 발간되는 일간신문에 1회 이상 제1호의 입찰을

위한 공고를 하고, 입찰 참가자를 대상으로 현장설명회를 개최할 것

3. 해당 지역 주민을 대상으로 합동홍보설명회를 개최할 것

4. 토지등소유자를 대상으로 제출된 입찰서에 대한 투표를 실시하고 그 결과를 반영할 것

제2절 주민합의체의 구성 및 조합의 설립

제19조(주민합의서의 경미한 변경) 법 제22조제7항 단서에서 "대통령령으로 정하는 경미한 사항"이란 같은 조 제6항제8호에 따라 시·도조례로 정하는 사항을 말한다. 〈개정 2021. 9. 17.〉

제20조(조합설립인가의 절차 등) ① 법 제23조제1항부터 제4항까지의 규정에 따라 조합의 설립에 관하여 토지등소유자의 동의를 받아야 하는 사항은 다음 각 호와 같다. 〈개정 2021. 9. 17.〉

1. 건축되는 건축물의 설계 개요

2. 법 제23조제1항제2호에 따른 정비사업비(이하 "정비사업비"라 한다)

3. 정비사업비의 분담기준

4. 사업 완료 후 소유권의 귀속에 관한 사항

5. 정관

② 제1항에 따른 토지등소유자의 동의는 국토교통부령으로 정하는 동의서에 법 제25조제1항에 따른 방법으로 받아야 한다. 이 경우 동의를 받기 전에 다음 각 호의 사항을 토지등소유자에게 서면으로 제공해야 한다. 〈개정 2023. 10. 18.〉

1. 제1항 각 호의 사항

2. 토지등소유자별 분담금 추산액 및 산출근거

③ 조합은 법 제23조제1항 각 호 외의 부분 전단 및 같은 조 제2항·제4항에 따라 조합설립인가를 받은 때에는 정관으로 정하는 바에 따라 토지등소유자에게 그 내용을 통지하고, 이해관계인이 열

람할 수 있도록 해야 한다. 〈개정 2021. 9. 17.〉

④ 법 제23조에 따른 조합설립인가 절차에 소요되는 비용에 관한 사항은 정관으로 정한다. 〈신설 2023. 10. 18.〉

제20조의2(창립총회의 소집절차 등) ① 토지등소유자는 법 제23조제1항·제2항 및 제4항에 따른 창립총회(이하 "창립총회"라 한다)를 개최하려는 경우 토지등소유자 과반수의 동의로 대표자를 선임해야 한다.

② 창립총회는 대표자의 직권 또는 토지등소유자 5분의 1 이상의 요구로 대표자가 소집한다. 다만, 토지등소유자 5분의 1 이상의 소집요구에도 불구하고 대표자가 2주 이상 소집요구에 응하지 않는 경우에는 소집을 요구한 자의 대표자가 소집할 수 있다.

③ 대표자는 창립총회 개최일의 14일 전까지 창립총회의 목적, 일시, 장소, 상정 안건, 참석자격 및 참석자 구비사항 등을 인터넷 홈페이지 등 「정보통신망 이용촉진 및 정보보호 등에 관한 법률」에 따른 정보통신망을 통해 공개하고, 토지등소유자에게 등기우편으로 통지해야 한다. 〈개정 2023. 10. 18.〉

[본조신설 2022. 8. 2.]

제20조의3(창립총회 결의사항 등) ① 창립총회에서는 다음 각 호의 사항을 의결한다.

1. 정관의 확정
2. 임원의 선임
3. 대의원의 선임
4. 그 밖에 제20조의2제3항에 따라 통지한 사항으로서 창립총회에서 의결하기로 한 사항

② 창립총회의 의사결정은 토지등소유자(소규모재건축사업의 경우에는 조합 설립에 동의한 자로 한정한다) 과반수의 출석과 출석한 토지등소유자 과반수의 찬성으로 의결한다. 다만, 제1항제2호 및 제3호의 사항에 관한 의결방법을 정관으로 달리 정한 경우에는 그에

따른다.

[본조신설 2022. 8. 2.]

제21조(조합설립인가사항의 경미한 변경) 법 제23조제5항 단서에서 "대통령령으로 정하는 경미한 사항"이란 다음 각 호의 사항을 말한다. 〈개정 2021. 9. 17., 2023. 10. 18.〉

1. 착오·오기 또는 누락임이 명백한 사항

2. 조합의 명칭 및 주된 사무소의 소재지와 조합장의 성명 및 주소(조합장의 변경이 없는 경우로 한정한다)

3. 토지 또는 건축물의 매매 등으로 조합원의 권리가 이전된 경우의 조합원의 교체 또는 신규가입

4. 조합임원 또는 대의원의 변경(법 제56조에 따라 준용되는 「도시 및 주거환경정비법」 제45조에 따른 총회의 의결 또는 같은 법 제46조에 따른 대의원회의 의결을 거친 경우로 한정한다)

5. 건설되는 건축물의 설계 개요

6. 정비사업비의 변경

7. 현금 청산으로 인하여 정관에서 정하는 바에 따라 조합원이 변경되는 경우

7의2. 사업시행구역 면적의 10퍼센트 범위의 가감

8. 그 밖에 시·도조례로 정하는 사항

제21조의2(조합설립인가 등의 고시) 법 제23조제9항에서 "사업시행구역 등 대통령령으로 정하는 사항"이란 다음 각 호의 사항을 말한다. 〈개정 2023. 10. 18.〉

1. 사업의 종류 및 명칭

2. 사업시행구역의 위치 및 면적

3. 사업의 착수 예정일 및 준공 예정일

4. 조합의 명칭 및 사무소 소재지

[본조신설 2022. 8. 2.]

제21조의3(조합해산의 요청 방법 등) ① 조합은 법 제23조의2제1항에 따라 조합의 해산을 요청하려는 경우에는 국토교통부령으로 정하는 요청서에 조합 해산을 결의한 총회 의사록 사본을 첨부하여 시장·군수등에게 제출해야 한다.

② 시장·군수등은 법 제23조의2제2항에 따라 조합에 업무의 시정 등의 조치를 명하는 경우에는 다음 각 호의 사항을 명시하여 국토교통부령으로 정하는 조치명령서를 발급해야 한다.

1. 조치명령의 내용
2. 조치명령의 사유
3. 조치명령의 이행기한
4. 제3호에 따른 기한까지 조치명령을 이행하지 않으면 조합설립인가가 취소될 수 있다는 뜻

③ 제2항의 명령을 받은 조합은 천재지변이나 그 밖의 부득이한 사유로 이행기한까지 조치사항의 이행이 불가능한 경우에는 이행기한의 7일 전까지 시장·군수등에게 이행기한의 연기를 신청할 수 있다.

④ 조합은 제2항에 따른 조치명령을 이행한 때에는 그 이행결과를 15일 이내에 시장·군수등에게 제출해야 한다.

[본조신설 2022. 8. 2.]

제21조의4(조합설립인가 취소절차) ① 시장·군수등은 법 제23조의2제2항에 따라 조합설립인가를 취소하려는 경우에는 14일 이상 주민에게 공람하여 의견을 들어야 한다.

② 시장·군수등은 법 제23조의2제2항에 따라 조합설립인가를 취소하는 경우에는 취소 예정일의 7일 전까지 조합에 국토교통부령으로 정하는 취소통지서를 보내야 한다.

[본조신설 2022. 8. 2.]

제21조의5(행위허가의 대상 등) ① 법 제23조의3제1항 각 호 외의

부분 본문에서 “물건을 쌓아놓는 행위 등 그 밖에 대통령령으로 정하는 행위”란 다음 각 호의 행위를 말한다.

1. 가설건축물의 건축

2. 건축물의 용도변경

3. 이동이 어려운 물건을 1개월 이상 쌓아놓는 행위

4. 죽목(竹木)을 베거나 심는 행위

② 법 제23조의3제2항제3호에서 “대통령령으로 정하는 행위”란 다음 각 호의 행위를 말한다.

1. 농림수산물의 생산에 직접 이용되는 국토교통부령으로 정하는 간이공작물의 설치

2. 경작을 위한 토지의 형질변경

3. 다음 각 목의 요건을 모두 갖춘 토석(土石)의 채취

가. 사업시행구역의 개발에 지장이 없을 것

나. 자연경관을 손상하지 않을 것

4. 사업시행구역에 존치하기로 결정된 대지에 물건을 쌓아놓는 행위

5. 관상용 죽목을 임시로 심는 행위(경작지에 심는 경우는 제외한다)

③ 법 제23조의3제3항에 따른 신고를 하려는 자는 같은 조 제1항 각 호 중 해당하는 호에서 정한 날부터 30일 이내에 국토교통부령으로 정하는 신고서에 진행 중인 공사 또는 사업의 진행상황과 시행계획을 첨부하여 시장·군수등에게 신고해야 한다.

[본조신설 2022. 8. 2.]

제22조(조합원의 자격 등) ① 법 제24조제2항제4호에서 “대통령령으로 정하는 기간”이란 다음 각 호의 구분에 따른 기간을 말한다. 〈신설 2022. 8. 2.〉

1. 소유기간: 5년

2. 거주기간: 3년

② 제1항제2호의 거주기간은 「주민등록법」 제7조제1항에 따른 주

민등록표를 기준으로 산정한다. 〈신설 2022. 8. 2.〉

③ 법 제24조제2항제5호에서 “대통령령으로 정하는 경우”란 다음 각 호의 경우를 말한다. 〈개정 2022. 8. 2.〉

1. 조합설립인가일부터 양도일까지 법 제29조에 따른 사업시행계획인가(이하 “사업시행계획인가”라 한다) 신청이 없는 경우로서 그 기간이 2년 이상이고, 해당 사업의 건축물을 2년 이상 계속하여 소유하고 있는 경우

2. 사업시행계획인가일부터 양도일까지 착공신고(「건축법」 제21조에 따른 착공신고를 말한다. 이하 이 항에서 같다)를 하지 않은 경우로서 그 기간이 2년 이상이고, 해당 사업의 건축물 또는 토지를 2년 이상 계속하여 소유하고 있는 경우

3. 착공신고를 한 날부터 양도일까지 준공인가를 받지 않은 경우로서 그 기간이 3년 이상이고, 해당 사업의 토지를 3년 이상 계속하여 소유하고 있는 경우

4. 국가·지방자치단체 및 금융기관(「주택법 시행령」 제71조제1호 각 목의 금융기관을 말한다)에 대한 채무를 이행하지 못하여 해당 사업의 건축물 또는 토지가 경매되거나 공매되는 경우

5. 「주택법」 제63조제1항에 따른 투기과열지구로 지정되기 전에 건축물 또는 토지의 거래계약을 체결하고 투기과열지구로 지정된 후 「부동산 거래신고 등에 관한 법률」 제3조에 따라 부동산 거래신고를 한 경우

제22조의2(토지등소유자 동의서의 검인 방법) ① 법 제25조제1항 후단에 따른 서면동의서에 검인(檢印)을 받으려는 자는 제20조제2항에 따른 동의서에 같은 조 제1항 각 호의 사항이 기재된 서류를 첨부하여 시장·군수등에게 검인을 신청해야 한다.

② 제1항에 따른 신청을 받은 시장·군수등은 서면동의서에 제20조제1항 각 호의 사항이 포함되어 있는지를 확인한 후 일련번호를

부여하는 방법으로 검인해야 한다.

③ 시장·군수등은 제1항의 신청을 받은 날부터 20일 이내에 신청인에게 검인한 동의서를 내주어야 한다.

[본조신설 2022. 8. 2.]

제23조(토지등소유자의 동의자 수 산정방법 등) 법 제25조제1항에 따른 토지등소유자(토지면적에 관한 동의자의 수를 산정하는 경우에는 토지소유자를 말한다)의 동의자 수 산정방법에 관하여는 「도시 및 주거환경정비법 시행령」 제33조를 준용한다. 이 경우 "주거환경개선사업"은 "자율주택정비사업, 가로주택정비사업 또는 소규모재개발사업"으로, "재건축사업"은 "소규모재건축사업"으로 본다. 〈개정 2021. 9. 17.〉

제3절 사업시행계획 등

제24조(건축심의 등) ① 법 제26조제1항에서 "건축물의 높이·층수·용적률 등 대통령령으로 정하는 사항"이란 다음 각 호의 사항을 말한다. 다만, 사업시행구역이 「국토의 계획 및 이용에 관한 법률」 제51조에 따라 지정된 지구단위계획구역인 경우로서 같은 법 제30조제3항에 따라 중앙도시계획위원회 또는 시·도도시계획위원회의 심의(건축위원회와 도시계획위원회가 공동으로 하는 심의를 포함한다)를 거친 사항은 제외한다. 〈개정 2018. 12. 31., 2019. 10. 22., 2021. 9. 17.〉

1. 사업시행구역이 가로주택정비사업을 시행하는 가로구역일 경우 제3조제1항제2호의 요건을 충족하는지 여부에 관한 사항

2. 건축물의 주용도·건폐율·용적률 및 높이에 관한 계획(「건축법」 제77조의4에 따라 건축협정을 체결한 경우 건축협정의 내용을 포함한다)

3. 건축물의 건축선에 관한 계획

3의2. 「건축법」 제69조에 따른 특별건축구역과 같은 법 제77조의 2에 따른 특별가로구역의 지정에 관한 사항

4. 정비기반시설의 설치계획

5. 공동이용시설의 설치계획

6. 환경보전 및 재난방지에 관한 계획

7. 그 밖에 시 · 도조례로 정하는 사항

② 토지등소유자는 시장 · 군수등에게 법 제22조제5항에 따라 주민합의서를 신고하거나 법 제23조제1항 및 제2항에 따라 조합설립인가를 신청하기 전에 다음 각 호의 구분에 따른 사항에 관한 사전결정을 신청할 수 있다. 이 경우 신청 절차, 신청 서류, 통지 등에 관하여는 「건축법」 제10조제5항을 준용한다. 〈개정 2019. 10. 22., 2021. 9. 17.〉

1. 제3조제1항제1호나목1)부터 3)까지 외의 부분 단서에 따라 같은 목 1)부터 3)까지의 규정에서 정한 기준을 초과하는 자율주택정비사업을 시행하려는 경우: 사업시행구역 내 기존주택의 호수 · 세대수의 적정성 여부

2. 제3조제2항제2호가목 및 나목에 따라 같은 호 각 목 외의 부분 본문에서 정한 기준을 초과하는 가로구역에서 가로주택정비사업을 시행하려는 경우: 사업시행구역의 규모와 정비기반시설 및 공동이용시설의 적정성 여부

[제목개정 2019. 10. 22.]

제25조(분양공고 및 분양신청) ① 법 제28조제1항 각 호 외의 부분에서 "분양의 대상이 되는 대지 또는 건축물의 내역 등 대통령령으로 정하는 사항"이란 다음 각 호의 사항을 말한다. 〈개정 2018. 12. 31.〉

1. 사업의 종류 · 명칭 및 사업시행구역의 위치 · 면적

2. 제24조제1항제2호부터 제5호까지의 사항

3. 분양대상 대지 또는 건축물의 내역
4. 분양신청 자격 및 방법
5. 분양신청 기간 및 장소
6. 토지등소유자 외 권리자의 권리신고 방법
7. 분양신청을 하지 아니한 자에 대한 조치
8. 그 밖에 시·도조례로 정하는 사항

② 법 제28조제1항제4호에서 "대통령령으로 정하는 사항"이란 다음 각 호의 사항을 말한다.

1. 제1항제1호부터 제7호까지의 사항
2. 분양신청서
3. 그 밖에 시·도조례로 정하는 사항

③ 법 제28조제3항에 따라 분양신청을 하려는 자는 제2항제2호에 따른 분양신청서에 소유권의 내역을 적어 사업시행자에게 제출하여야 한다. 이 경우 우편에 의한 분양신청은 제1항제5호에 따른 분양신청기간 내에 발송된 것임을 증명할 수 있는 우편으로 하여야 한다.

④ 제3항에 따라 분양신청서를 받은 사업시행자는 「전자정부법」 제36조제1항에 따른 행정정보의 공동이용을 통하여 신청서에 기재된 소유권에 관한 토지등기사항증명서 및 건물등기사항증명서를 확인하여야 한다. 다만, 사업시행자가 같은 법 제37조에 따른 행정정보 공동이용센터의 이용기관이 아닌 경우에는 그 증명서를 첨부하도록 하여야 한다.

제26조(사업시행계획인가사항의 경미한 변경) 법 제28조제4항 및 제29조제1항 단서에서 "대통령령으로 정하는 경미한 사항"이란 각각 다음 각 호의 어느 하나에 해당하는 사항을 말한다. 〈개정 2020. 3. 17., 2021. 9. 17., 2021. 10. 14.〉

1. 정비사업비의 20퍼센트 범위에서의 가감. 다만, 국민주택을 건

설하는 사업의 경우에는 주택도시기금으로 지원받는 금액의 총액이 증가하지 아니하는 경우로 한정한다.

2. 사업시행구역 면적의 20퍼센트 범위의 가감. 다만, 가로주택정비사업인 경우에는 다음 각 목의 어느 하나에 해당하는 경우로 한정한다.

가. 변경 후 사업시행구역 면적이 1만제곱미터 미만인 경우

나. 사업시행구역을 1만제곱미터 이상 2만제곱미터 미만의 범위에서 변경하는 경우로서 다음의 구분에 따른 요건에 해당하는 경우

1) 「국토의 계획 및 이용에 관한 법률」에 따른 지구단위계획구역 및 지구단위계획이 지정·수립되어 있는 경우: 같은 법 제30조제5항 단서에 따른 경미한 사항에 해당할 것

2) 그 밖의 경우: 「국토의 계획 및 이용에 관한 법률」 제51조에 따라 지구단위계획구역을 지정할 수 있거나 지정해야 하는 경우가 아닐 것

3. 건축물이 아닌 부대시설 및 복리시설의 설치 규모 확대. 다만, 그 위치를 변경하는 경우는 제외한다.

4. 세대수와 세대별 주거전용면적의 변경 없이 세대별 주거전용면적의 20퍼센트 범위에서의 내부구조의 위치 또는 면적의 변경

5. 내장재료 또는 외장재료의 변경

6. 사업시행계획인가 시 부과된 조건을 이행하기 위한 인가사항의 변경

7. 건축물의 용도별 위치 및 설계를 변경하지 아니하는 범위에서의 건축물 배치 및 주택단지 안의 도로선형 변경

8. 「건축법 시행령」 제12조제3항 각 호의 어느 하나에 해당하는 사항의 변경

9. 사업시행자의 명칭 또는 사무소 소재지의 변경

10. 법 제23조제5항 본문에 따른 조합설립인가 변경에 따른 사업

시행계획서의 변경

11. 법 제28조제5항에 따른 정관등(이하 "정관등"이라 한다)의 변경에 따라 관리처분계획을 변경하는 경우

12. 법 제35조에 따른 매도청구에 관한 확정판결에 따라 관리처분계획을 변경하는 경우

13. 별표 1 제1호나목에 따른 임대주택 공급조건을 갖춘 사람에 대한 임대주택 공급을 위하여 관리처분계획을 변경하는 경우

14. 「민간임대주택에 관한 특별법」 제2조제7호에 따른 임대사업자의 주소와 성명(법인인 경우에는 법인의 소재지와 대표자로 한다)을 변경하는 경우

15. 계산착오·오기·누락 또는 이에 준하는 명백한 오류의 수정에 관한 사항(수정에 따른 불이익을 받는 자가 없는 경우로 한정한다)

16. 그 밖에 시·도조례로 정하는 사항의 변경

제27조(사업시행계획서의 작성) ① 법 제30조제1항제11호에서 "대통령령으로 정하는 바에 따라 시·도조례로 정하는 사항"이란 다음 각 호의 사항 중 시·도조례로 정하는 사항을 말한다. 〈개정 2020. 3. 17., 2021. 9. 17.〉

1. 사업의 종류·명칭 및 시행기간

2. 사업시행자의 성명 및 주소

3. 사업의 자금확보계획

4. 해당 사업의 토지 또는 건축물 등에 관한 명세와 권리자의 성명 및 주소

5. 사업의 시행에 지장이 있다고 인정되는 사업시행구역 내 건축물 또는 공작물 등의 명세

6. 기존 건축물의 철거계획서(석면이 함유된 건축자재가 사용된 경우 그 현황과 해당 자재의 철거 및 처리계획을 포함한다)

7. 철거할 필요는 없으나 보수할 필요가 있다고 인정되는 기존

건축물의 명세 및 보수계획

8. 법 제30조제1항제2호의 토지이용계획에 포함된 건축물의 설계도서

9. 법 제43조제2항에 따라 새로 설치되는 정비기반시설 및 종래의 정비기반시설의 조서 및 도면

9의2. 제3조제1항제2호가목3)에 관한 사항

10. 사업시행자에게 무상으로 양여되는 국유지·공유지의 조서

11. 「국토의 계획 및 이용에 관한 법률」 제2조제9호의 공동구 설치

12. 「물의 재이용 촉진 및 지원에 관한 법률」 제8조에 따른 빗물이용시설의 설치·운영 등 빗물처리계획

13. 사업의 완료 후 상가세입자에 대한 우선 분양 등에 관한 사항

② 사업시행자(사업시행자가 시장·군수등인 경우는 제외한다)는 사업시행계획서의 내용에 국유재산이나 공유재산의 처분 등에 관한 내용을 포함하려는 경우에는 미리 시장·군수등에게 국유재산 또는 공유재산의 처분 방법 등에 관한 협의를 요청할 수 있다. 이 경우 시장·군수등은 특별한 사유가 없으면 요청에 따라야 한다. 〈신설 2021. 9. 17.〉

제28조(시행규정의 사업관리비용 책정) 법 제31조제11호에서 "대통령령으로 정하는 기준"이란 정비사업비 총액의 100분의 7 이하를 말한다.

제29조(주택의 규모 및 건설비율 등) ① 법 제32조제1항에 따라 가로주택정비사업으로 건설하는 건축물의 층수는 「국토의 계획 및 이용에 관한 법률」 제76조 및 같은 법 시행령 제71조에 따른다. 다만, 「국토의 계획 및 이용에 관한 법률」에 따른 용도지역 중 제2종일반주거지역인 경우 가로구역의 규모와 도로 너비 등을 고려하여 시·도조례로 층수제한을 따로 정하여 적용할 수 있다. 〈개정 2022. 8. 2.〉

② 법 제32조제2항에서 "대통령령으로 정하는 범위"란 100분의 60 이하를 말한다. 다만, 「수도권정비계획법」 제6조제1항제1호에 따른 과밀억제권역에서 시행하는 소규모재건축사업이 다음 각 호의 요건을 모두 충족한 경우에는 「주택법」 제2조제6호에 따른 국민주택규모의 주택 건설 비율을 적용하지 아니한다.

1. 조합원에게 분양하는 주택은 기존주택의 주거전용면적을 축소하거나 30퍼센트의 범위에서 그 규모를 확대할 것

2. 조합원 외의 자에게 분양하는 모든 주택의 주거전용면적이 85제곱미터 이하로 건설될 것

제30조(관리처분계획의 내용 등) 법 제33조제1항제9호에서 "대통령령으로 정하는 사항"이란 다음 각 호의 사항을 말한다. 〈개정 2021. 10. 14.〉

1. 법 제34조제4항 전단에 따른 보류지 등의 명세와 추산액 및 처분방법

2. 법 제36조에 따라 손실보상에 관한 협의를 하여야 하는 토지등소유자별 기존 토지·건축물 또는 그 밖의 권리의 명세와 처분방법

3. 제31조제1항제4호에 따른 비용의 부담비율에 의한 대지 및 건축물의 분양계획과 그 비용부담의 한도·방법 및 시기. 이 경우 비용부담에 의하여 분양받을 수 있는 한도는 정관등에서 따로 정하는 경우를 제외하고는 기존 토지 또는 건축물의 가격의 비율에 따라 부담할 수 있는 비용의 50퍼센트를 기준으로 정한다.

4. 사업의 시행으로 인하여 용도가 폐지되는 정비기반시설 및 새로 설치되는 정비기반시설의 명세

5. 기존 건축물의 철거 예정시기

6. 그 밖에 시·도조례로 정하는 사항

제31조(관리처분의 방법) ① 법 제33조에 따른 가로주택정비사업 및 소규모재개발사업 관리처분의 방법은 다음 각 호와 같다. 〈개정

2021. 9. 17., 2022. 1. 18.〉

1. 시·도조례로 분양주택의 주거전용면적을 제한하는 경우 그 면적 이하의 주택을 공급할 것

2. 하나의 건축물의 대지는 하나의 필지가 되도록 할 것. 다만, 주택단지의 경우에는 그러하지 아니하다.

3. 토지등소유자(지상권자를 제외한다. 이하 이 조에서 같다)에게 분양할 것. 다만, 공동주택을 분양하는 경우 시·도조례로 정하는 금액·규모·취득시기 또는 유형에 관한 기준에 부합하지 아니하는 토지등소유자는 시·도조례로 정하는 바에 따라 분양대상에서 제외할 수 있다.

4. 하나의 필지로 된 대지 및 그 대지에 건축된 건축물(법 제34조제4항 전단에 따라 잔여분을 보류지로 정하거나 조합원 또는 토지등소유자 외의 자에게 분양하는 부분은 제외한다)을 2인 이상에게 분양하는 경우 기존 토지 및 건축물의 가격과 제30조제3호에 따라 토지등소유자가 부담하는 비용의 비율에 따라 분양할 것

5. 분양대상자가 공동으로 취득하게 되는 건축물의 공용부분은 각 권리자의 공유로 하되, 해당 공용부분에 대한 각 권리자의 지분비율은 그가 취득하게 되는 전용부분의 위치 및 바닥면적 등의 사항을 고려하여 정할 것

6. 하나의 필지로 된 대지에 2인 이상에게 분양될 건축물이 설치된 경우 건축물의 분양면적 비율에 따라 그 대지의 소유권이 주어지도록 하되, 토지의 소유관계는 공유로 할 것. 다만, 대지에 건축된 건축물이 주택과 그 밖의 용도의 건축물로 구성된 경우 건축물의 용도 및 규모 등을 고려하여 대지의 소유권이 합리적으로 배분되도록 한다.

7. 주택 및 부대시설·복리시설의 공급순위는 기존 토지 또는 건축물의 가격을 고려하여 정할 것. 이 경우 공급순위 선정의 구체적

기준은 시·도조례로 정한다.

② 법 제33조에 따른 소규모재건축사업 관리처분의 방법은 다음 각 호와 같다. 다만, 조합이 조합원 전원의 동의를 받아 그 기준을 따로 정하는 경우에는 그에 따른다.

1. 제1항제5호부터 제7호까지의 방법에 따를 것

2. 기존 부대시설 또는 복리시설(부속토지를 포함한다. 이하 이 호에서 같다)의 소유자에게는 새로 건설되는 부대시설 또는 복리시설을 공급할 것. 다만, 다음 각 목의 어느 하나에 해당하는 경우에는 하나의 주택을 공급할 수 있다.

가. 새로운 부대시설 또는 복리시설을 건설하지 아니하는 경우로서 기존 부대시설 또는 복리시설의 가액이 분양주택 중 최소분양단위 규모의 추산액에 정관등으로 정하는 비율(정관등으로 정하는 비율이 없는 경우에는 1을 말한다. 이하 이 조에서 같다)을 곱한 가액보다 큰 경우

나. 기존 부대시설 또는 복리시설의 가액에서 새로 공급받는 부대시설 또는 복리시설의 추산액을 뺀 금액이 분양주택 중 최소분양단위 규모의 추산액에 정관등으로 정하는 비율을 곱한 가액보다 큰 경우

다. 새로 건설한 부대시설 또는 복리시설 중 최소분양단위규모의 추산액이 분양주택 중 최소분양단위규모의 추산액보다 큰 경우

③ 법 제33조제1항제3호·제5호 및 제8호에 따른 재산 또는 권리의 평가에 관하여 법 제56조에 따라 「도시 및 주거환경정비법」 제74조제4항을 준용하는 경우 같은 항 제1호나목의 "재건축사업"은 "가로주택정비사업, 소규모재건축사업 또는 소규모재개발사업"으로, "조합총회"는 "조합총회, 주민합의체 회의, 법 제25조제2항에 따른 주민대표회의 또는 같은 조 제3항 전단에 따른 토지등소유자 전체회의"로 본다. 〈신설 2018. 6. 12., 2022. 1. 18.〉

제32조(일반분양 신청절차 등) 법 제34조제4항 후단에 따른 분양공고 및 분양신청절차 등에 관하여는 「주택법」 제54조를 준용한다. 이 경우 "사업주체"는 "사업시행자"(토지주택공사등이 공동사업시행자인 경우에는 토지주택공사등을 말한다)로 본다. 〈개정 2019. 10. 22.〉

제33조(공공지원민간임대주택의 인수절차 및 가격 등) ① 법 제34조제5항 전단에 따른 공공지원민간임대주택(이하 "공공지원민간임대주택"이라 한다)의 인수가격은 해당 임대주택의 건축비와 부속토지의 가격을 합한 금액으로 하며, 건축비와 부속토지의 가격은 법 제26조에 따른 심의 결과를 통지 받은 날(자율주택정비사업의 경우에는 법 제39조에 따른 준공인가 및 공사완료를 고시한 날을 말한다)을 기준으로 감정평가법인등 2인 이상(조합 또는 토지등소유자가 추천한 1인을 포함한다)이 평가한 금액의 산술평균치로 한다. 〈개정 2019. 10. 22., 2022. 1. 21.〉

② 공공지원민간임대주택의 인수계약 체결을 위한 사전협의, 인수계약의 체결, 인수대금의 지급방법 등 필요한 사항은 인수자(법 제34조제5항에 따른 국토교통부장관, 시장·군수등 또는 토지주택공사등을 말한다)가 따로 정하는 바에 따른다. 〈개정 2018. 7. 16.〉

[제목개정 2018. 7. 16.]

제34조(임대주택의 공급) ① 법 제34조제6항에서 "대통령령으로 정하는 범위"란 별표 1을 말한다.

② 시장·군수등은 사업시행자가 요청하거나 법 제34조제6항에 따른 임대주택의 임차인 자격 확인 등을 위하여 필요한 경우 국토교통부장관에게 「정보통신망 이용촉진 및 정보보호 등에 관한 법률」에 따라 구성된 주택전산망을 이용한 전산검색을 요청할 수 있다.

제4절 사업 시행을 위한 조치 등

제34조의2(이주대책의 수립 등 손실보상) ① 법 제43조의2제4항에

따른 소규모주택정비 관리계획(이하 "소규모주택정비관리계획"이라 한다) 승인고시일부터 계약체결일 또는 수용재결일까지 계속하여 거주하고 있지 않은 건축물의 소유자는 법 제35조의2제2항 단서 및 「공익사업을 위한 토지 등의 취득 및 보상에 관한 법률 시행령」 제40조제5항제2호에 따라 이주대책대상자에서 제외한다. 다만, 같은 호 각 목(같은 호 마목은 제외한다)에 해당하는 경우에는 그렇지 않다. 〈개정 2023. 10. 18., 2023. 11. 28.〉

② 법 제35조의2제2항 단서에 따라 소규모재개발사업 또는 소규모주택정비 관리지역에서 시행하는 가로주택정비사업으로 인한 영업의 폐지 또는 휴업에 대한 손실을 평가하는 경우 영업의 휴업기간은 4개월 이내로 한다. 다만, 다음 각 호의 어느 하나에 해당하는 경우에는 실제 휴업기간으로 하며, 그 휴업기간은 2년을 초과할 수 없다.

1. 해당 정비사업을 위한 영업의 금지 또는 제한으로 4개월 이상의 기간 동안 영업을 할 수 없는 경우

2. 영업시설의 규모가 크거나 이전에 고도의 정밀성을 요구하는 등 해당 영업의 고유한 특수성으로 4개월 이내에 다른 장소로 이전하는 것이 어렵다고 인정되는 경우

③ 제2항에 따라 영업손실을 보상하는 경우 보상대상자의 인정시점은 지정고시일등으로 한다.

④ 주거이전비를 보상하는 경우 보상대상자의 인정시점은 지정고시일등으로 한다.

[본조신설 2021. 9. 17.]

第35조(지연일수에 따른 이자 산정) 법 제36조제3항에 따른 지연일수에 따른 이자 산정을 위한 이율은 다음 각 호의 구분에 따른다.

1. 지연일수가 6개월 이내인 경우: 100분의 5

2. 지연일수가 6개월 초과 12개월 이내인 경우: 100분의 10

3. 지연일수가 12개월을 초과한 경우: 100분의 15

제5절 공사완료에 따른 조치 등

제36조(준공인가 및 공사완료 고시 등) ① 법 제39조에 따른 준공인가의 방법·절차 및 준공인가·공사완료의 고시 방법 등에 관하여는 제13조를 준용한다. 이 경우 "빈집정비사업"은 "소규모주택정비사업"으로, "법 제14조제1항"은 "법 제39조제1항"으로, "법 제14조제2항"은 "법 제39조제2항으로", "법 제14조제3항 및 제4항"은 "법 제39조제3항 및 제4항"으로 본다.

② 법 제39조제5항 본문에서 "완공된 건축물이 사용에 지장이 없는 등 대통령령으로 정하는 기준에 적합한 경우"란 다음 각 호의 기준을 모두 충족한 경우를 말한다.

1. 완공된 건축물에 전기·수도·난방 및 상하수도 시설 등이 갖추어져 있어 건축물의 사용에 지장이 없을 것

2. 완공된 건축물이 법 제29조에 따라 인가받은 사업시행계획에 적합할 것

3. 공사에 따른 차량통행·소음·분진 등의 위해로부터 입주자의 안전이 확보될 것

제6절 비용의 부담 등

제37조(주요 정비기반시설 및 공동이용시설) 법 제42조제2항제1호에서 "대통령령으로 정하는 주요 정비기반시설 및 공동이용시설"이란 다음 각 호의 시설을 말한다.

1. 도로, 공용주차장
2. 광장, 공원, 녹지, 공공공지
3. 상하수도, 공동구
4. 하천

5. 그 밖에 시·도조례로 정하는 공동이용시설

제38조(임시거주시설의 공급) ① 시장·군수등 또는 토지주택공사등은 해당 사업시행구역 인근의 공공임대주택을 법 제43조제4항에 따른 임시거주시설(이하 "임시거주시설"이라 한다)로 공급할 수 있다. 이 경우 임시거주시설의 공급은 법 제29조제1항 본문에 따른 사업시행계획인가를 신청한 후(시장·군수등의 경우 법 제30조에 따라 사업시행계획서를 작성한 후를 말한다) 할 수 있다. 〈개정 2021. 9. 17.〉

② 임시거주시설을 우선 공급받을 수 있는 자는 다음 각 호의 요건을 모두 갖춰야 한다. 〈개정 2021. 9. 17., 2021. 10. 14.〉

1. 법 제43조제4항에 따른 소유자 또는 세입자가 세대주일 것
2. 해당 세대의 월평균소득이 전년도 도시근로자 가구당 월평균소득의 100퍼센트 이하일 것

③ 임시거주시설은 다음 각 호의 순위에 따라 공급한다. 이 경우 같은 순위에 해당하는 자가 둘 이상인 경우에는 그 자가 속한 세대의 월평균소득이 낮은 순서대로 우선 공급한다. 〈개정 2021. 10. 14.〉

1. 제1순위: 사업시행으로 철거되는 주택의 세입자로서 주택을 소유하지 아니한 자
2. 제2순위: 사업시행으로 철거되는 주택의 소유자로서 해당 주택 외의 주택을 소유하지 아니한 자

④ 제2항 및 제3항에서 규정한 사항 외에 공급계약의 체결 및 주택의 반환 등에 필요한 사항은 시장·군수등 또는 토지주택공사등이 정하는 바에 따른다.

제7절 소규모주택정비관리계획 〈신설 2021. 9. 17.〉

제38조의2(소규모주택정비관리계획 수립대상 지역) 법 제43조의2제1항 각 호 외의 부분 전단에서 "대통령령으로 정하는 요건을 갖춘 지역"이란 다음 각 호의 요건을 모두 갖춘 지역을 말한다. 〈개정

2023. 10. 18.〉

1. 대상 지역의 면적이 10만제곱미터 미만일 것

2. 다음 각 목의 어느 하나에 해당할 것

가. 노후·불량건축물 수가 해당 지역의 전체 건축물 수의 2분의 1 이상일 것

나. 「건축법」에 따른 지하층의 전부 또는 일부를 주거용도로 사용하는 건축물의 수가 해당 지역의 전체 건축물 수의 2분의 1 이상일 것

다. 「국토의 계획 및 이용에 관한 법률」 제37조제1항제4호에 따른 방재지구가 해당 지역의 전체 면적의 2분의 1 이상일 것

라. 상습적으로 침수되거나 침수가 우려되는 지역으로서 시장·군수등이 해당 지역의 재해 예방이 필요하다고 인정하는 경우일 것

3. 다음 각 목에 따른 구역·지구에 해당하지 않을 것

가. 「도시 및 주거환경정비법」 제2조제1호의 정비구역과 같은 법 제5조제9호의 정비구역으로 지정할 예정인 구역. 다만, 같은 법 제23조제1항제1호에 해당하는 방법으로 시행하는 주거환경개선사업의 정비구역과 정비구역으로 지정할 예정인 구역은 제외한다.

나. 「도시재정비 촉진을 위한 특별법」 제2조제1호의 재정비촉진지구. 다만, 같은 법 제2조제6호의 존치지역은 제외한다.

다. 「도시개발법」제2조제1항제1호의 도시개발구역

라. 그 밖에 광역적 개발이 필요한 구역·지구로서 시·도조례로 정하는 구역·지구

[본조신설 2021. 9. 17.]

제38조의3(소규모주택정비관리계획의 경미한 변경) 법 제43조의2제2항 단서 및 제3항 단서에서 "대통령령으로 정하는 경미한 사항을 변경하는 경우"란 각각 다음 각 호의 경우를 말한다. 〈개정 2023. 10. 18.〉

1. 소규모주택정비 관리지역의 면적을 100분의 5 범위에서 증감하는 경우

2. 사업시행기간을 계획된 기간의 3년 이내에서 연장하거나 단축하는 경우

3. 소규모주택정비관리계획을 법 제43조의3제5호 및 제7호의 사항을 완화하지 않는 범위에서 변경하는 경우

4. 정비기반시설·공동이용시설의 규모를 확대하거나 그 면적을 100분의 10 범위에서 축소하는 경우

5. 계산착오·오기·누락이나 이에 준하는 명백한 오류를 수정하는 경우

6. 그 밖에 제1호부터 제5호까지의 규정에 준하는 경우로서 시·도조례로 정하는 사항을 변경하는 경우

[본조신설 2021. 9. 17.]

제38조의4(소규모주택정비관리계획의 내용) 법 제43조의3제9호에서 "대통령령으로 정하는 사항"이란 다음 각 호의 사항을 말한다.

1. 시장·군수등이나 토지주택공사등이 시행하는 다음 각 목의 사업계획

가. 「공공주택 특별법」 제2조제3호의 공공주택사업 시행계획

나. 「도시재생 활성화 및 지원에 관한 특별법」 제2조제1항제7호의 도시재생사업 시행계획

2. 정비기반시설·공동이용시설의 설치를 위한 재원조달에 관한 사항

3. 그 밖에 소규모주택정비사업 시행에 필요한 사항으로서 시·도조례로 정하는 사항

[본조신설 2021. 9. 17.]

제38조의5(소규모주택정비 관리지역에 대한 특례) ① 법 제43조의4제2항에서 "대통령령으로 정하는 지역"이란 다음 각 호의 구분에 따

라 각 호에서 정하는 지역을 말한다.

1. 종전 용도지역이 「국토의 계획 및 이용에 관한 법률 시행령」 제30조제1항제1호가목(1)의 제1종전용주거지역인 경우: 같은 목 (2)의 제2종전용주거지역

2. 종전 용도지역이 「국토의 계획 및 이용에 관한 법률 시행령」 제30조제1항제1호가목(2)의 제2종전용주거지역인 경우: 같은 호 나목 (1)의 제1종일반주거지역

3. 종전 용도지역이 「국토의 계획 및 이용에 관한 법률 시행령」 제30조제1항제1호나목(1)의 제1종일반주거지역인 경우: 같은 목 (2)의 제2종일반주거지역

4. 종전 용도지역이 「국토의 계획 및 이용에 관한 법률 시행령」 제30조제1항제1호나목(2)의 제2종일반주거지역인 경우: 같은 목 (3)의 제3종일반주거지역

5. 종전 용도지역이 「국토의 계획 및 이용에 관한 법률 시행령」 제30조제1항제1호나목(3)의 제3종일반주거지역인 경우: 같은 호 다목의 준주거지역

② 시 · 도지사는 제1항에도 불구하고 주택공급의 규모, 인근 토지의 이용현황 등을 고려할 때 용도지역을 달리 정할 필요가 있다고 인정하는 경우에는 「국토의 계획 및 이용에 관한 법률」 제113조제1항에 따른 시 · 도도시계획위원회의 심의 또는 「도시재생 활성화 및 지원에 관한 특별법」 제8조에 따른 지방도시재생위원회의 심의를 거쳐 「국토의 계획 및 이용에 관한 법률 시행령」 제30조제1항제1호에 따라 주거지역을 세분하여 정하는 지역 중 어느 하나의 지역으로 용도지역을 달리 정할 수 있다.

[전문개정 2024. 11. 5.]

제38조의6(소규모주택정비 관리지역에서의 임대주택의 인수) ① 법 제43조의5제1항 전단에 따른 임대주택은 시 · 도지사, 시장 · 군수등,

토지주택공사등의 순서로 인수할 수 있다.

② 제1항에 따른 임대주택의 인수 절차와 방법 등에 관하여는 제33조제2항 및 제41조제3항·제4항을 준용한다. 〈개정 2023. 10. 18.〉

③ 법 제43조의5제4항 전단에서 "대통령령으로 정하는 임대주택"이란 「공공주택 특별법 시행령」 제2조제1항제2호·제3호·제3호의2 및 제4호의 국민임대주택·행복주택·통합공공임대주택 및 장기전세주택을 말한다.

[본조신설 2021. 9. 17.]

제4장 사업 활성화를 위한 지원

제39조(빈집정비사업에 대한 특례) ① 법 제46조 각 호 외의 부분에서 "대통령령으로 정하는 사유"란 다음 각 호의 경우를 말한다. 〈개정 2019. 10. 22.〉

1. 행정구역의 변경
2. 「국토의 계획 및 이용에 관한 법률」 제2조제4호의 도시·군관리계획의 결정·변경 또는 같은 조 제7호의 도시·군계획시설(이하 "도시·군계획시설"이라 한다)의 설치
3. 「도로법」에 따른 도로(이하 이 조에서 "도로"라 한다)의 설치
4. 「도시개발법」 제2조제1항제2호의 도시개발사업의 시행
5. 그 밖에 제1호부터 제4호까지의 규정에 준하는 경우로서 국토교통부령으로 정하는 사유

② 삭제 〈2019. 10. 22.〉

제40조(건축규제의 완화 등에 관한 특례) ① 법 제48조제1항 각 호 외의 부분에서 "대통령령으로 정하는 범위"란 다음 각 호의 구분에 따른 범위를 말한다. 〈개정 2018. 6. 12., 2021. 9. 17., 2022. 1. 18.〉

1. 「건축법」 제42조에 따른 대지의 조경기준: 2분의 1 범위

2. 「건축법」 제55조에 따른 건폐율의 산정기준: 건축면적에서 주차장 면적을 제외

3. 「건축법」 제58조에 따른 대지 안의 공지기준: 2분의 1 범위

4. 「건축법」 제60조에 따른 건축물의 높이 제한 기준: 2분의 1 범위

5. 「건축법」 제61조제2항제1호에 따른 건축물(7층 이하의 건축물과 소규모주택정비 관리지역에 위치하는 15층 이하의 건축물로 한정한다)의 높이 제한 기준: 2분의 1 범위

5의2. 「건축법」 제61조제2항제2호에 따른 건축물(소규모주택정비 관리지역에 위치하는 건축물로 한정한다)의 높이 제한기준: 같은 법 시행령 제86조제3항제2호가목 및 나목에도 불구하고 같은 목에 따라 건축조례로 정할 때 적용되는 같은 목에 따른 거리의 하한 기준 이상

6. 「주택법」 제35조제1항제3호 및 제4호에 따른 부대시설 및 복리시설의 설치기준

가. 「주택법」 제2조제14호가목의 어린이놀이터의 설치기준: 「주택건설기준 등에 관한 규정」 제55조의2제7항제2호다목의 적용배제

나. 「주택법」 제2조제14호의 복리시설의 설치기준: 같은 법 제35조제1항제4호 및 「주택건설기준 등에 관한 규정」에 따른 복리시설별 설치기준에도 불구하고 설치대상 복리시설(어린이놀이터는 제외한다)의 면적의 합계 범위에서 필요한 복리시설을 설치할 수 있다.

② 법 제48조제1항제6호에서 "대통령령으로 정하는 사항"이란 「주택건설기준 등에 관한 규정」 제6조제2항제2호에 따른 단지안의 시설 설치기준을 말한다. 이 경우 「주택건설기준 등에 관한 규정」 제6조제2항제2호에 따른 단지안의 시설 설치기준에도 불구하고 폭 6미터 이상인 일반도로에 연접하여 주택을 「건축법 시행령」 별표 1

제3호에 따른 제1종 근린생활시설과 복합건축물로 건설할 수 있다.

③ 법 제48조제2항제3호에서 "대통령령으로 정하는 공동시설"이란 「주택건설기준 등에 관한 규정」 제2조제3호의 주민공동시설을 말한다. 〈개정 2019. 10. 22.〉

④ 법 제48조제2항 후단에 따른 용적률의 산정방법은 다음 각 호와 같다. 〈신설 2019. 10. 22.〉

1. 법 제48조제2항제1호에 따른 시설을 설치하는 경우: 해당 지역에 적용되는 용적률의 200퍼센트 이하의 범위에서 해당 시설의 면적이 해당 사업시행구역의 전체 면적에서 차지하는 비율을 기준으로 시·도조례가 정하는 바에 따라 산정

2. 법 제48조제2항제2호 및 제3호에 따른 시설을 설치하는 경우: 해당 지역에 적용되는 용적률에 해당 시설의 용적률을 더한 범위에서 해당 시설의 건축 연면적이 해당 사업시행구역의 전체 건축 연면적에서 차지하는 비율을 기준으로 시·도조례가 정하는 바에 따라 산정

⑤ 시장·군수등은 법 제48조제3항에 따라 빈집정비사업 또는 소규모주택정비사업의 시행으로 건설하는 건축물에 대하여 다음 각 호의 어느 하나에 해당하는 주차장을 사용할 수 있는 권리를 다음 각 호의 구분에 따른 비율 미만으로 확보하는 경우 그에 상응하는 범위에서 주차장 설치기준(「주차장법」에 따라 해당 건축물에 설치해야 하는 부설주차장의 주차단위구획 총수를 말한다. 이하 이 조에서 같다)을 완화할 수 있다. 이 경우 주차장을 사용할 수 있는 권리를 확보하는 주차단위구획의 총수는 주차장 설치기준의 100분의 50 미만이어야 한다. 〈개정 2020. 9. 22.〉

1. 특별시장, 광역시장, 시장·군수등 또는 토지주택공사등이 직접 또는 위탁하여 관리·운영하는 주차장으로서 그 위치가 사업시행구역 안인 경우(「도시재생 활성화 및 지원에 관한 특별법」 제2조제1항제5호에 따른 도시재생활성화지역에서 시행하는 빈집정비사업 또

는 소규모주택정비사업인 경우에는 같은 항 제6호에 따른 도시재생활성화계획에 따라 설치되어 주차장의 위치가 사업시행구역 밖인 경우를 포함한다): 주차장 설치기준의 100분의 50

2. 주차장의 위치가 「주차장법 시행령」 제7조제2항 각 호의 어느 하나에 해당하는 경우: 주차장 설치기준의 100분의 30

제40조의2(소규모주택정비 관리지역에서의 소규모주택정비사업 통합 시행) ① 사업시행자는 법 제48조제5항에 따라 소규모주택정비 관리지역에서 서로 연접한 사업시행구역을 하나의 사업시행구역으로 통합하여 소규모주택정비사업을 시행하려는 경우에는 다음 각 호의 요건을 모두 갖추어야 한다.

1. 연접한 사업시행구역 각각에 대하여 법 제29조에 따른 사업시행계획인가를 신청하기 전일 것

2. 통합하여 시행하려는 하나의 사업시행구역이 제3조제1항 각 호의 구분에 따른 요건을 모두 갖출 것

② 제1항에 따라 통합하여 소규모주택정비사업을 시행하는 경우 서로 연접하는 사업시행구역의 토지등소유자는 주민합의체, 법 제23조에 따른 조합, 법 제25조제2항에 따른 주민대표회의 또는 같은 조 제3항에 따른 토지등소유자 전체회의(이하 "주민합의체등"이라 한다)를 통합하여 구성하거나 설립해야 한다. 이 경우 종전의 주민합의체의 대표자 또는 조합은 시장·군수등에게 법 제22조제9항에 따른 해산신고 또는 법 제23조의2제1항에 따른 조합의 해산 요청을 해야 하며, 종전의 주민대표회의 및 토지등소유자 전체회의는 해산해야 한다.

③ 제2항에 따라 주민합의체등(법 제25조제3항에 따른 토지등소유자 전체회의는 제외한다)을 통합하여 구성하거나 설립하기 위해 토지등소유자의 동의를 받으려는 경우에는 미리 다음 각 호의 사항을 토지등소유자에게 설명·고지해야 한다.

1. 통합 시행의 필요성
2. 통합 시행 사업의 개요
3. 통합 시행 전까지 소요된 비용
4. 그 밖에 시·도조례로 정하는 사항

④ 제1항부터 제3항까지에서 규정한 사항 외에 서로 연접한 사업시행구역을 하나의 사업시행구역으로 통합하여 시행하는 방법과 절차 등에 관한 세부사항은 시·도조례로 정한다.

[전문개정 2023. 10. 18.]

제41조(임대주택 건설에 따른 특례) ① 법 제49조제2항에 따른 공공임대주택의 공급에 대한 우선 순위는 다음 각 호의 순서에 따른다. 〈개정 2019. 10. 22., 2022. 8. 2.〉

1. 시·도지사
2. 시장·군수 또는 자치구의 구청장
3. 토지주택공사등
4. 주택도시기금이 총지분의 100분의 50을 초과하여 출자한 「부동산투자회사법」에 따른 부동산투자회사

② 토지주택공사등은 법 제17조제3항 또는 제18조제1항에 따라 소규모주택정비사업을 시행하는 경우에는 제1항 각 호의 순위에도 불구하고 해당 사업에 따라 공급되는 공공임대주택을 우선하여 인수할 수 있다. 〈신설 2023. 10. 18.〉

③ 시·도지사는 사업시행자가 법 제30조에 따른 사업시행계획서를 작성하기 전까지 법 제49조제2항에 따른 인수자(이하 이 조에서 "인수자"라 한다)가 정해지지 않은 경우에는 국토교통부장관에게 인수자 지정을 요청해야 한다. 〈신설 2019. 10. 22., 2023. 10. 18.〉

④ 국토교통부장관은 제3항에 따라 시·도지사로부터 인수자 지정 요청을 받은 경우에는 30일 이내에 인수자를 지정하여 시·도지사에게 통보해야 하며, 시·도지사는 지체 없이 이를 시장·군수등

에게 알려 그 인수자와 공공임대주택의 공급에 관하여 협의하게 해야 한다. 〈신설 2019. 10. 22., 2022. 8. 2., 2023. 10. 18.〉

⑤ 법 제49조제4항에 따른 공공임대주택의 인수가격 산정을 위한 건축비의 산정 및 부속토지의 가격 등에 관하여는 제33조를 준용한다. 이 경우 빈집정비사업으로 건설된 공공임대주택의 경우에는 제33조제1항 중 “법 제26조에 따른 심의 결과를 통지 받은 날”은 “법 제4조제2항에 따른 심의 결과를 통지 받은 날”로 본다. 〈신설 2019. 10. 22., 2022. 8. 2., 2023. 10. 18.〉

⑥ 법 제49조제6항에서 “대통령령으로 정하는 기준”이란 세대당 주차대수 0.6대(세대당 주거전용면적이 30제곱미터 미만인 경우에는 0.5대) 이상을 말한다. 〈개정 2019. 10. 22., 2023. 10. 18.〉

제41조의2(소규모재개발사업의 용적률 등에 관한 특례) ① 법 제49조의2제1항 본문에서 “대통령령으로 정하는 지역”이란 다음 각 호의 구분에 따라 각 호에서 정하는 지역을 말한다.

1. 종전 용도지역이 「국토의 계획 및 이용에 관한 법률 시행령」 제30조제1항제1호나목(1)의 제1종일반주거지역인 경우: 같은 목 (2) 또는 (3)의 제2종일반주거지역 또는 제3종일반주거지역 중 시·도조례로 정하는 용도지역

2. 종전 용도지역이 「국토의 계획 및 이용에 관한 법률 시행령」 제30조제1항제1호나목(2)의 제2종일반주거지역인 경우: 같은 목 (3)의 제3종일반주거지역 또는 같은 호 다목의 준주거지역 중 시·도조례로 정하는 용도지역

3. 종전 용도지역이 「국토의 계획 및 이용에 관한 법률 시행령」 제30조제1항제1호나목(3)의 제3종일반주거지역인 경우: 같은 호 다목의 준주거지역

② 제1항 각 호의 용도지역 결정에 필요한 사항은 시·도조례로 정할 수 있다.

[본조신설 2021. 9. 17.]

제41조의3(소규모재개발사업으로 건설하는 주택 등의 인수 절차 등) ① 법 제49조의2제2항 전단에서 "대통령령으로 정하는 주택 등 건축물"이란 다음 각 호의 주택이나 건축물을 말한다.

1. 「공공주택 특별법 시행령」 제2조제1항제2호 · 제3호 · 제3호의2 및 제4호의 국민임대주택 · 행복주택 · 통합공공임대주택 및 장기전세주택

2. 공동이용시설

3. 그 밖에 지역의 주거환경을 고려해 시 · 도조례로 정하는 건축물

② 법 제49조의2제8항 전단에서 "대통령령으로 정하는 임대주택"이란 제1항제1호의 주택을 말한다. 〈개정 2023. 10. 18.〉

③ 법 제49조의2제8항 후단에 따른 주택 등의 인수 절차와 방법에 관하여는 제33조제2항, 제38조의6제1항 및 제41조제3항 · 제4항을 준용한다. 〈개정 2023. 10. 18.〉

[본조신설 2021. 9. 17.]

제42조(정비지원기구) ① 법 제50조제1항제3호에서 "대통령령으로 정하는 공공기관"이란 다음 각 호의 기관을 말한다. 〈개정 2020. 12. 8.〉

1. 한국부동산원

2. 한국국토정보공사

3. 「주택도시기금법」에 따라 설립된 주택도시보증공사

4. 해당 지방자치단체의 장이 법 제50조제2항에 따른 업무를 수행할 수 있는 인력 · 기술 및 시설 등을 갖추었다고 인정하여 추천하는 지방공사

5. 그 밖에 국토교통부장관이 법 제50조제2항에 따른 업무를 수행할 수 있는 인력 · 기술 및 시설 등을 갖추었다고 인정하는 기관

② 국토교통부장관은 법 제50조제1항에 따라 정비지원기구를 지정한 경우 지정기관의 명칭 및 수행하는 업무의 내용 등을 고시하여야 한다.

③ 법 제50조제1항에 따라 정비지원기구로 지정된 기관의 장은 같은 조 제2항 각 호의 사항에 관한 전년도 업무수행 결과와 해당 연도의 업무계획을 매년 2월 말일까지 국토교통부장관에게 제출하여야 한다.

④ 제2항 및 제3항에서 규정한 사항 외에 정비지원기구의 구성 및 운영 등에 필요한 사항은 국토교통부장관이 정한다.

제43조(임대관리업무 등의 지원) ① 법 제51조제1항 각 호 외의 부분에서 “의무임대기간, 최초 임대료 및 연간인상률 등 대통령령으로 정하는 조건을 갖춘 임대주택”이란 다음 각 호의 요건을 모두 갖춘 임대주택을 말한다.

1. 임대의무기간이 8년 이상일 것
2. 주거전용면적이 85제곱미터 이하일 것
3. 최초 임대보증금 및 임대료는 해당 임대주택과 그 규모, 생활여건 등이 비슷한 주변 지역 주택의 임대보증금 및 임대료 이하일 것
4. 임대료 인상률이 연 5퍼센트 이하일 것

② 법 제51조제5항에 따라 한국토지주택공사가 지원하는 임대사업자가 다음 각 호의 어느 하나에 해당하는 경우에는 임대보증금에 대한 보증에 가입하지 아니할 수 있다.

1. 한국토지주택공사가 「민간임대주택에 관한 특별법」 제2조제10호가목의 자기관리형 주택임대관리업의 방식으로 지원하는 경우로서 임대사업자가 임대보증금에 대하여 전세권을 설정하는 경우
2. 임대사업자가 임대보증금을 수령하지 아니하는 경우

③ 제1항 및 제2항에서 규정한 사항 외에 법 제51조제1항에 따른 임대관리업무의 지원에 필요한 기준·방법 및 절차에 관한 사항

은 국토교통부장관이 정한다.

제5장 보칙

제44조(빈집정비사업의 지침) 법 제52조제1항제4호에서 "대통령령으로 정하는 사항"이란 다음 각 호의 사항을 말한다.

1. 빈집의 판단기준 및 유형
2. 빈집정보시스템의 구축 및 운영
3. 빈집정비사업의 시행방법
4. 빈집정비사업의 지원 대상 및 범위
5. 그 밖에 빈집정비사업의 추진에 필요한 사항

제44조의2(속기록 등의 보관) 법 제54조제6항에서 "대통령령으로 정하는 회의"란 다음 각 호의 사항을 논의하거나 결의하는 조합총회·대의원회 및 이사회를 말한다.

1. 용역 계약(변경계약을 포함한다) 및 업체의 선정
2. 주민합의체 대표자의 선임 및 해임
3. 조합 임원 및 대의원의 선임·해임 및 징계
4. 토지등소유자 및 조합원의 자격

[본조신설 2022. 8. 2.]

제6장 벌칙

제45조(과태료의 부과) 법 제64조제1항 및 제2항에 따른 과태료의 부과기준은 별표 2와 같다.

제46조(이행강제금의 부과 기준) 법 제65조제1항에서 "대통령령으로 정하는 비율"이란 다음 각 호의 구분에 따른 비율을 말한다. 다만, 각 호의 구분에 따른 비율의 100분의 50 범위에서 시·도조례로 낮추어 정하는 경우에는 그 비율을 말한다.

1. 철거명령을 이행하지 않은 경우: 100분의 80

2. 그 밖의 조치명령을 이행하지 않은 경우: 100분의 40
[본조신설 2021. 10. 14.]

부칙 〈제28627호, 2018. 2. 9.〉

제1조(시행일) 이 영은 2018년 2월 9일부터 시행한다.

제2조(소규모재건축사업의 대상 지역에 관한 경과조치) 이 영 시행 당시 종전의 「도시 및 주거환경정비법」(법률 제14567호로 전부개정되기 전의 것을 말한다) 제28조에 따라 정비구역이 아닌 구역에서 시행하는 주택재건축 사업의 사업시행인가를 신청한 경우 해당 사업의 대상 지역에 대해서는 제3조제3호에도 불구하고 종전의 「도시 및 주거환경정비법 시행령」(대통령령 제28628호로 전부개정되기 전의 것을 말한다)에 따른다.

제3조(주택의 규모 및 건설비율 등에 관한 경과조치) ① 대통령령 제21285호 도시 및 주거환경정비법 시행령 일부개정령 시행 전에 소규모재건축사업의 사업시행인가를 신청하였거나 관리처분계획의 인가를 신청하기 전에 사업시행인가의 변경인가를 신청하였던 경우 주택의 규모 및 건설비율 등에 대해서는 제29조제2항에도 불구하고 종전의 「도시 및 주거환경정비법 시행령」(대통령령 제21285호로 개정되기 전의 것을 말한다) 제13조의3에 따른다.

② 대통령령 제21285호 도시 및 주거환경정비법 시행령 일부개정령 시행 당시 다음 각 호의 어느 하나에 해당하는 경우에는 제1항에도 불구하고 대통령령 제21285호 도시 및 주거환경정비법 시행령 일부개정령 제13조의3에 따른다.

1. 대통령령 제21285호 도시 및 주거환경정비법 시행령 일부개정령 시행 당시 관리처분계획의 인가를 받은 주택재건축사업조합이 토지등소유자 전원의 동의를 받은 경우(조합원과 주택공급계약을 체결하지 아니한 경우에는 총회에서 조합원 과반수 이상의 동의를 받

은 경우를 포함한다)

2. 조합원이 아닌 자와 주택공급계약을 체결한 주택재건축사업조합이 토지등 소유자 전원 및 주택공급계약을 체결한 입주자 전원의 동의를 받은 경우

③ 대통령령 제25633호 도시 및 주거환경정비법 시행령 일부개정령 시행 전에 소규모재건축사업의 사업시행인가(변경인가를 포함한다)를 받거나 신청한 경우에는 제29조제2항의 개정규정에도 불구하고 종전의 「도시 및 주거환경정비법 시행령」(대통령령 제25633호로 개정되기 전의 것을 말한다) 제13조의3제2항에 따른다.

제4조(다른 법령의 개정) ① 개발제한구역의 지정 및 관리에 관한 특별조치법 시행령 일부를 다음과 같이 개정한다.

제27조의2제4항제7호가목 중 "「도시 및 주거환경정비법」 제48조에 따른 관리처분계획"을 "「도시 및 주거환경정비법」 제74조에 따른 관리처분계획 또는 「빈집 및 소규모주택 정비에 관한 특례법」 제29조에 따른 사업시행계획"으로 한다.

② 건축물의 분양에 관한 법률 시행령 일부를 다음과 같이 개정한다.

제6조제2항제2호 중 "「도시 및 주거환경 정비법」"을 "「도시 및 주거환경정비법」 또는 「빈집 및 소규모주택 정비에 관한 특례법」"으로 한다.

③ 국민기초생활 보장법 시행령 일부를 다음과 같이 개정한다.

제5조의3제3항제7호가목 중 "「도시 및 주거환경정비법」 제48조에 따른 관리처분계획"을 "「도시 및 주거환경정비법」 제74조에 따른 관리처분계획 또는 「빈집 및 소규모주택 정비에 관한 특례법」 제29조에 따른 사업시행계획"으로 한다.

④ 농어촌마을 주거환경 개선 및 리모델링 촉진을 위한 특별법 시행령 일부를 다음과 같이 개정한다.

제26조제2항제2호 중 "「도시 및 주거환경정비법」 제48조제1항에 따라 인가받은 관리처분계획"을 "「도시 및 주거환경정비법」 제74조제1항에 따라 인가받은 관리처분계획 또는 「빈집 및 소규모주택 정비에 관한 특례법」 제29조제1항에 따라 인가받은 사업시행계획"으로 한다.

⑤ 부동산 거래신고 등에 관한 법률 시행령 일부를 다음과 같이 개정한다.

제3조제3항에 제4호의2를 다음과 같이 신설한다.

4의2. 「빈집 및 소규모주택 정비에 관한 특례법」

제11조제3항제4호 중 "「도시 및 주거환경정비법」 제48조에 따른 관리처분계획"을 "「도시 및 주거환경정비법」 제74조에 따른 관리처분계획 또는 「빈집 및 소규모주택 정비에 관한 특례법」 제29조에 따른 사업시행계획"으로 한다.

⑥ 소득세법 시행령 일부를 다음과 같이 개정한다.

제155조제18항제4호 중 "주택재개발사업 또는 주택재건축사업의 시행으로 같은 법 제47조"를 "재개발사업(이하 "재개발사업"이라 한다), 재건축사업(이하 "재건축사업"이라 한다) 또는 「빈집 및 소규모주택 정비에 관한 특례법」에 따른 소규모재건축사업(이하 "소규모재건축사업"이라 한다)의 시행으로 「도시 및 주거환경정비법」 제73조 또는 「빈집 및 소규모주택 정비에 관한 특례법」 제36조"로 하고, 같은 조 제22항제2호나목 중 "「도시 및 주거환경정비법」에 따른 주택재건축사업(이하 "주택재건축사업"이라 한다) 또는 같은 법에 따른 주택재개발사업(이하 "주택재개발사업"이라 한다)"을 "재건축사업, 재개발사업 또는 소규모재건축사업"으로, "관리처분계획"을 "「도시 및 주거환경정비법」 제74조에 따른 관리처분계획(소규모재건축사업의 경우에는 「빈집 및 소규모주택 정비에 관한 특례법」 제29조에 따른 사업시행계획을 말한다. 이하 "관리처분계획등"이라 한다)"으로 한다.

제156조의2제4항제1호 및 제2호 중 “주택재개발사업 또는 주택재건축사업”을 각각 “재개발사업, 재건축사업 또는 소규모재건축사업”으로, “관리처분계획”을 “관리처분계획등”으로 하고, 같은 조 제5항 각 호 외의 부분 전단 중 “주택재개발사업 또는 주택재건축사업”을 “재개발사업, 재건축사업 또는 소규모재건축사업”으로 하며, 같은 항 제1호 중 “주택재개발사업 또는 주택재건축사업”을 “재개발사업, 재건축사업 또는 소규모재건축사업”으로 하고, 같은 항 제2호 본문 및 같은 항 제3호 중 “주택재개발사업 또는 주택재건축사업”을 각각 “재개발사업, 재건축사업 또는 소규모재건축사업”으로, “관리처분계획”을 각각 “관리처분계획등”으로 하며, 같은 조 제8항제4호가목 중 “「도시 및 주거환경정비법」 제48조의 규정에 따른 관리처분계획”을 “관리처분계획등”으로, “주택재개발사업 또는 주택재건축사업”을 “재개발사업, 재건축사업 또는 소규모재건축사업”으로 하고, 같은 항 제5호 중 “주택재개발사업 또는 주택재건축사업”을 “재개발사업, 재건축사업 또는 소규모재건축사업”으로, “관리처분계획”을 “관리처분계획등”으로 하며, 같은 조 제9항제3호가목 중 “주택재개발사업 또는 주택재건축사업”을 “재개발사업, 재건축사업 또는 소규모재건축사업”으로 하고, 같은 항 제4호 중 “주택재개발사업 또는 주택재건축사업”을 “재개발사업, 재건축사업 또는 소규모재건축사업”으로, “관리처분계획”을 “관리처분계획등”으로 한다.

제166조제1항 각 호 외의 부분 중 “주택재개발사업 또는 주택재건축사업”을 “재개발사업, 재건축사업 또는 소규모재건축사업”으로 하고, 같은 조 제2항 각 호 외의 부분 중 “주택재개발사업 또는 주택재건축사업”을 “재개발사업, 재건축사업 또는 소규모재건축사업”으로, “관리처분계획”을 “관리처분계획등”으로 하며, 같은 조 제4항제1호 본문 중 “「도시 및 주거환경정비법」에 따른 관리처분계획”을 “관리처분계획등”으로 하고, 같은 항 제2호 중 “관리처분계획인가

일”을 “관리처분계획등 인가일”로 하며, 같은 조 제5항제1호 중 “관리처분계획인가전양도차익”을 “관리처분계획 등 인가전 양도차익”으로, “관리처분계획인가일”을 “관리처분계획등 인가일”로 하고, 같은 항제2호가목 중 “관리처분계획인가일”을 “관리처분계획등 인가일”로 하며, 같은 조 제7항 각 호 외의 부분 중 “주택재개발사업 또는 주택재건축사업”을 “재개발사업, 재건축사업 또는 소규모재건축사업”으로, “관리처분계획”을 “관리처분계획등”으로 하며, 같은 항 제1호 및 제2호 중 “관리처분계획인가일”을 각각 “관리처분계획등 인가일”로 한다.

제167조의3제5항제2호나목 중 “주택재건축사업 또는 주택재개발사업”을 “재개발사업, 재건축사업 또는 소규모재건축사업”으로, “관리처분계획”을 “관리처분계획등”으로 한다.

⑦ 재건축초과이익 환수에 관한 법률 시행령 일부를 다음과 같이 개정한다.

제4조제1항제1호 본문 중 “「도시 및 주거환경정비법」 제8조제4항제8호”를 “「도시 및 주거환경정비법」 제27조제1항제3호 또는 「빈집 및 소규모주택 정비에 관한 특례법」 제19조제1항”으로 하고, 같은 항 제3호 중 “「도시 및 주거환경정비법」 제57조”를 “「도시 및 주거환경정비법」 제89조 또는 「빈집 및 소규모주택 정비에 관한 특례법」 제41조”로 하며, 같은 조 제2항 중 “「도시 및 주거환경정비법」 제16조”를 “「도시 및 주거환경정비법」 제35조 또는 「빈집 및 소규모주택 정비에 관한 특례법」 제23조”로, “같은 법 제8조제4항제8호”를 “「도시 및 주거환경정비법」 제27조제1항제3호 또는 「빈집 및 소규모주택 정비에 관한 특례법」 제19조제1항”으로 한다.

제5조를 다음과 같이 한다.

제5조(부과개시시점) 법 제8조제1항제4호에서 “그 밖에 대통령령이 정하는 날”이란 다음 각 호의 어느 하나에 해당하는 날을 말한다.

1. 「도시 및 주거환경정비법」에 따른 재건축사업을 위하여 구성된 조합설립추진위원회(이하 "추진위원회"라 한다)가 분할된 경우에는 분할 이전에 최초로 해당 추진위원회의 승인을 받은 날. 다만, 법 제8조제1항제1호에 해당하는 조합이 분할된 경우에는 분할 이전에 최초로 해당 조합의 인가를 받은 날을 말한다.

2. 「빈집 및 소규모주택 정비에 관한 특례법」 제18조제1항에 따라 시장·군수·구청장이 직접 시행하기로 결정된 날 또는 「한국토지주택공사법」에 따라 설립된 한국토지주택공사 또는 「지방공기업법」에 따라 주택사업을 시행하기 위하여 설립된 지방공사가 사업시행자로 최초 지정된 날(주민합의체 또는 조합의 구성이 없는 경우만 해당한다)

3. 「빈집 및 소규모주택 정비에 관한 특례법」 제19조제1항에 따라 신탁업자가 사업시행자로 최초 지정된 날(주민합의체 또는 조합의 구성이 없는 경우만 해당한다)

4. 「빈집 및 소규모주택 정비에 관한 특례법」 제22조에 따라 소규모재건축사업의 주민합의체 구성을 신고한 날

5. 「빈집 및 소규모주택 정비에 관한 특례법」 제23조에 따라 소규모재건축사업의 조합설립인가를 받은 날

제6조제2항 중 "「도시 및 주거환경정비법」 제30조의3제2항"을 "「도시 및 주거환경정비법」 제54조제4항"으로, "「도시 및 주거환경정비법」 제30조의3제3항"을 "「도시 및 주거환경정비법」 제55조"로 한다.

제9조제1항제2호 중 "「도시 및 주거환경정비법」 제30조의3"을 "「도시 및 주거환경정비법」 제54조"로 하고, 같은 조 제3항 중 "해당주택재건축사업"을 "해당 재건축사업(「빈집 및 소규모주택 정비에 관한 특례법」에 따른 소규모재건축사업을 포함한다. 이하 같다)"으로 한다.

제14조제2항 본문 중 “해당주택재건축사업”을 “해당 재건축사업”으로 한다.

제15조의 제목 “(주택재건축사업의 조사)”를 “(재건축사업의 조사)”로 하고, 같은 조 제목 외의 부분 중 “주택재건축사업”을 각각 “재건축사업”으로 한다.

제17조제1항제12호 중 “주택재건축사업”을 “재건축사업”으로 하고, 같은 조 제2항 중 “「도시 및 주거환경정비법」 제82조”를 “「도시 및 주거환경정비법」 제126조”로 한다.

별표 제1호가목 · 나목 · 라목 및 같은 표 제2호가목 중 “해당주택재건축사업”을 각각 “해당 재건축사업”으로 하고, 같은 표 제5호가목 중 “주택재건축조합”을 각각 “재건축조합”으로 하며, 같은 호 나목 중 “제30조의3제3항 후단”을 “제55조제2항”으로 한다.

⑧ 조세특례제한법 시행령 일부를 다음과 같이 개정한다.

제72조제5항 중 “사업시행인가”를 각각 “사업시행계획인가”로 한다.

제96조제3항제6호 중 “주택재건축사업 또는 주택재개발사업”을 “재건축사업, 재개발사업 또는 「빈집 및 소규모주택 정비에 관한 특례법」에 따른 소규모주택정비사업”으로, “관리처분계획”을 “관리처분계획(소규모주택정비사업의 경우에는 사업시행계획을 말한다)”으로 한다.

제97조의5제1항제3호 중 “주택재건축사업 또는 주택재개발사업”을 “재건축사업, 재개발사업 또는 「빈집 및 소규모주택 정비에 관한 특례법」에 따른 소규모주택정비사업”으로, “관리처분계획”을 “관리처분계획(소규모주택정비사업의 경우에는 사업시행계획을 말한다)”으로 한다.

제99조의2제1항제8호가목 중 “주택재개발사업 또는 주택재건축사업”을 “재개발사업, 재건축사업 또는 「빈집 및 소규모주택 정비에 관한 특례법」에 따른 소규모주택정비사업”으로, “관리처분계획”을

"관리처분계획(소규모주택정비사업의 경우에는 사업시행계획을 말한다)"으로 한다.

제104조의23제3호 중 "「도시 및 주거환경정비법」 제16조의2제7항제3호"를 "「도시 및 주거환경정비법」 제133조제3호"로 한다.

⑨ 주택도시기금법 시행령 일부를 다음과 같이 개정한다.

제21조제1항제5호 중 "「도시 및 주거환경정비법」 제13조"를 "「도시 및 주거환경정비법」 제35조 또는 「빈집 및 소규모주택 정비에 관한 특례법」 제23조"로 한다.

⑩ 지방세법 시행령 일부를 다음과 같이 개정한다.

제20조제6항 단서 중 "주택재개발사업"을 "재개발사업"으로, "「도시 및 주거환경정비법」 제54조"를 "「도시 및 주거환경정비법」 제86조"로 하고, 같은 조 제7항 중 "「도시 및 주거환경정비법」 제16조제2항에 따른 주택재건축조합이 주택재건축사업"을 "「도시 및 주거환경정비법」 제35조제3항에 따른 재건축조합이 재건축사업을 하거나 「빈집 및 소규모주택 정비에 관한 특례법」 제23조제2항에 따른 소규모재건축조합이 소규모재건축사업"으로, "「도시 및 주거환경정비법」 제54조제2항"을 "「도시 및 주거환경정비법」 제86조제2항 또는 「빈집 및 소규모주택 정비에 관한 특례법」 제40조제2항"으로 한다.

제26조제1항제28호 중 "「도시 및 주거환경정비법」 제18조"를 "「도시 및 주거환경정비법」 제35조 또는 「빈집 및 소규모주택 정비에 관한 특례법」 제23조"로, "같은 법 제2조제2호의 정비사업"을 "「도시 및 주거환경정비법」 제2조제2호의 정비사업 또는 「빈집 및 소규모주택 정비에 관한 특례법」 제2조제1항제3호의 소규모주택정비사업"으로 한다.

제102조제7항제7호 중 "「도시 및 주거환경정비법」 제7조부터 제9조까지"를 "「도시 및 주거환경정비법」 제24조부터 제28조까지 또는 「빈집 및 소규모주택 정비에 관한 특례법」 제17조부터 제19조까

지"로 한다.

⑪ 한국주택금융공사법 시행령 일부를 다음과 같이 개정한다.

제28조의2제2항제2호가목 중 "주택재개발사업 또는 주택재건축사업"을 "재개발사업 또는 재건축사업, 「빈집 및 소규모주택 정비에 관한 특례법」에 따른 소규모주택정비사업"으로 한다.

제5조(다른 법령과의 관계) 이 영 시행 당시 다른 법령에서 종전의 「도시 및 주거환경정비법 시행령」 또는 그 규정을 인용한 경우 이 영 중 그에 해당하는 규정이 있으면 종전의 「도시 및 주거환경정비법 시행령」을 갈음하여 이 영 또는 이 영의 해당 규정을 인용한 것으로 본다.

부칙 〈제28968호, 2018. 6. 12.〉

이 영은 2018년 6월 14일부터 시행한다.

부칙 〈제29045호, 2018. 7. 16.〉 (민간임대주택에 관한 특별법 시행령)

제1조(시행일) 이 영은 2018년 7월 17일부터 시행한다.

제2조(다른 법령의 개정) ① 및 ② 생략

③ 빈집 및 소규모주택 정비에 관한 특례법 시행령 일부를 다음과 같이 개정한다.

제33조의 제목 중 "준공공임대주택"을 "공공지원민간임대주택"으로 하고, 같은 조 제1항 전단 중 "준공공임대주택(이하 "준공공임대주택"이라 한다)"을 "공공지원민간임대주택(이하 "공공지원민간임대주택"이라 한다)"으로 하며, 같은 조 제2항 중 "준공공임대주택"을 "공공지원민간임대주택"으로 한다.

④부터 ⑧까지 생략

부칙 〈제29458호, 2018. 12. 31.〉

제1조(시행일) 이 영은 공포한 날부터 시행한다.

제2조(건축심의에 관한 적용례) 제24조제1항제1호의 개정규정은 이 영 시행 이후 사업시행자가 건축심의를 신청하는 경우부터 적용한다.

부칙 〈제30151호, 2019. 10. 22.〉

제1조(시행일) 이 영은 2019년 10월 24일부터 시행한다.

제2조(공공지원민간임대주택의 인수가격 산정에 관한 적용례) 제33조제1항의 개정규정은 이 영 시행 이후 사업시행자가 법 제29조에 따른 사업시행계획인가를 신청하는 경우부터 적용한다.

부칙 〈제30537호, 2020. 3. 17.〉

이 영은 공포한 날부터 시행한다.

부칙 〈제31031호, 2020. 9. 22.〉

제1조(시행일) 이 영은 공포 후 6개월이 경과한 날부터 시행한다.

제2조(주차장 설치기준 완화 특례에 관한 적용례) 제40조제5항의 개정규정은 이 영 시행 이후 법 제12조 또는 제29조에 따라 사업시행계획인가를 신청하는 경우부터 적용한다.

부칙 〈제31131호, 2020. 10. 27.〉 (부동산 거래신고 등에 관한 법률 시행령)

제1조(시행일) 이 영은 공포한 날부터 시행한다. 〈단서 생략〉

제2조 생략

제3조(다른 법령의 개정) ① 생략

② 빈집 및 소규모주택 정비에 관한 특례법 시행령 일부를 다음과 같이 개정한다.

제14조제1항제6호를 다음과 같이 한다.

6. 「부동산 거래신고 등에 관한 법률 시행령」 별표 1 제1호마목의 실제 거래가격

부칙 〈제31243호, 2020. 12. 8.〉 (한국부동산원법 시행령)

제1조(시행일) 이 영은 2020년 12월 10일부터 시행한다.

제2조(다른 법령의 개정) ①부터 ⑱까지 생략

⑲ 빈집 및 소규모주택 정비에 관한 특례법 시행령 일부를 다음과 같이 개정한다.

제7조제5호를 다음과 같이 한다.

5. 「한국부동산원법」에 따른 한국부동산원(이하 "한국부동산원"이라 한다)

제15조제1항제1호를 다음과 같이 한다.

1. 한국부동산원

제42조제1항제1호를 다음과 같이 한다.

1. 한국부동산원

⑳부터 ㉝까지 생략

부칙 〈제31990호, 2021. 9. 17.〉

제1조(시행일) 이 영은 2021년 9월 21일부터 시행한다.

제2조(지방건축위원회의 심의사항 추가에 따른 적용례) 제24조제1항제3호의2의 개정규정은 이 영 시행 이후 가로주택정비사업, 소규모재건축사업 또는 소규모재개발사업의 사업시행자(사업시행자가 시장·군수등인 경우는 제외한다)가 법 제26조제1항에 따른 지방건축위원회의 심의를 신청하는 경우부터 적용한다.

부칙 〈제32052호, 2021. 10. 14.〉

제1조(시행일) 이 영은 2021년 10월 14일부터 시행한다. 다만, 제4조제1항의 개정규정은 2022년 1월 1일부터 시행한다.
제2조(사업시행계획 인가사항의 경미한 변경에 관한 적용례) 제26조제11호부터 제15호까지의 개정규정은 이 영 시행 전에 사업시행자(사업시행자가 시장 · 군수등인 경우는 제외한다. 이하 이 조에서 같다)가 법 제29조제1항 본문에 따라 같은 개정규정에 따른 사항에 대한 변경인가를 신청하여 변경인가 절차가 진행 중인 경우에도 적용한다. 이 경우 사업시행자가 변경인가를 신청한 사항이 제26조제11호부터 제15호까지의 개정규정에 따른 사항에 관한 것인 때에는 법 제29조제1항 단서에 따른 변경신고를 한 것으로 본다.
제3조(임시거주시설 우선 공급에 관한 경과조치) 이 영 시행 전에 임시거주시설의 우선 공급대상자를 선정하기 위한 공고, 통보, 협의 등이 이루어져 이 영 시행 당시 우선 공급대상자 선정 절차가 진행 중인 경우의 우선 공급대상자 선정에 관하여는 제38조제2항제2호 및 같은 조 제3항 후단의 개정규정에도 불구하고 종전의 규정에 따른다.

부칙 〈제32223호, 2021. 12. 16.〉 (지방자치법 시행령)

제1조(시행일) 이 영은 2022년 1월 13일부터 시행한다. 〈단서 생략〉
제2조 부터 제4조까지 생략
제5조(다른 법령의 개정) ①부터 ㉒까지 생략
㉓ 빈집 및 소규모주택 정비에 관한 특례법 시행령 일부를 다음과 같이 개정한다.
제3조제1항제1호 각 목 외의 부분 중 "「지방자치법」 제175조"를 "「지방자치법」 제198조제1항"으로 한다.
㉔부터 〈66〉까지 생략
제6조 생략

부칙 <제32345호, 2022. 1. 18.>

제1조(시행일) 이 영은 공포 후 3개월이 경과한 날부터 시행한다. 다만, 제3조제3항의 개정규정은 2022년 1월 20일부터 시행한다.

제2조(예외적으로 경쟁입찰이 아닌 방법으로 시공자를 선정할 수 있는 소규모주택정비사업의 규모에 관한 경과조치) ① 이 영 시행 전에 법 제23조에 따른 조합설립인가를 신청한 조합이 시행하는 소규모주택정비사업으로서 법 제20조제2항 단서를 적용받을 수 있는 소규모주택정비사업의 규모에 관하여는 제18조제1항의 개정규정에도 불구하고 종전의 규정에 따른다.

② 이 영 시행 전에 법 제18조제2항 또는 제19조제2항에 따라 공공시행자 또는 지정개발자가 사업시행자로 지정·고시된 소규모주택정비사업으로서 법 제20조제4항 단서를 적용받을 수 있는 소규모주택정비사업의 규모에 관하여는 제18조제1항의 개정규정에도 불구하고 종전의 규정에 따른다.

제3조(건축규제의 완화 등에 관한 특례를 적용받을 수 있는 건축물의 높이 제한기준에 관한 경과조치) 이 영 시행 전에 법 제48조에 따른 지방건축위원회의 심의를 신청한 같은 조 제1항 각 호 외의 부분에 따른 자율주택정비사업, 가로주택정비사업, 소규모재개발사업 또는 취약주택정비사업으로 건설되는 건축물에 대한 높이 제한기준에 관하여는 제40조제1항제5호의2의 개정규정에도 불구하고 종전의 규정에 따른다.

부칙 <제32352호, 2022. 1. 21.> (감정평가 및 감정평가사에 관한 법률 시행령)

제1조(시행일) 이 영은 2022년 1월 21일부터 시행한다.

제2조 부터 제4조까지 생략

제5조(다른 법령의 개정) ①부터 ㉟까지 생략

㊱ 빈집 및 소규모주택 정비에 관한 특례법 시행령 일부를 다음과 같이 개정한다.

제10조제1항 중 “「감정평가 및 감정평가사에 관한 법률」 제2조제4호에 따른 감정평가업자(이하 "감정평가업자"라 한다)”를 “「감정평가 및 감정평가사에 관한 법률」에 따른 감정평가법인등(이하 "감정평가법인등"이라 한다)”으로 하고, 같은 조 제2항 본문 중 “감정평가업자 1인”을 각각 “감정평가법인등 1인”으로, “감정평가업자를”을 “감정평가법인등을”로 하며, 같은 항 단서 중 “감정평가업자를”을 “감정평가법인등을”로 하고, 같은 조 제4항 중 “감정평가업자”를 “감정평가법인등”으로 한다.

제10조의2제1항 중 “감정평가업자”를 “감정평가법인등”으로 한다.

제33조제1항 중 “감정평가업자”를 “감정평가법인등”으로 한다.

㊲부터 〈64〉까지 생략

부칙 〈제32849호, 2022. 8. 2.〉

제1조(시행일) 이 영은 2022년 8월 4일부터 시행한다.

제2조(투기과열지구로 지정된 지역에서 조합설립인가 후 건축물 또는 토지를 양수한 자의 조합원 자격에 관한 적용례) 제22조제3항제5호의 개정규정은 양도인이 이 영 시행 전에 건축물 또는 토지에 대한 거래계약을 체결하고 이 영 시행 이후 건축물 또는 토지를 양도하는 경우에도 적용한다.

부칙 〈제33621호, 2023. 7. 7.〉 (지방자치분권 및 지역균형발전에 관한 특별법 시행령)

제1조(시행일) 이 영은 2023년 7월 10일부터 시행한다.

제2조 부터 제11조까지 생략

제12조(다른 법령의 개정) ①부터 ⑰까지 생략

⑱ 빈집 및 소규모주택 정비에 관한 특례법 시행령 일부를 다음과 같이 개정한다.

제3조제1항제1호 각 목 외의 부분 중 "「국가균형발전 특별법」"을 "「지방자치분권 및 지역균형발전에 관한 특별법」"으로 한다.

⑲부터 ㊴까지 생략

제13조 및 제14조 생략

부칙 〈제33827호, 2023. 10. 18.〉

제1조(시행일) 이 영은 2023년 10월 19일부터 시행한다.

제2조(소규모재건축사업의 사업시행구역 요건 완화에 관한 적용례) 제3조제1항제3호 각 목 외의 부분의 개정규정은 이 영 시행 이후 법 제29조제1항 본문에 따른 사업시행계획인가 또는 변경인가를 신청하는 경우부터 적용한다.

제3조(사업시행구역의 면적 산입 제외에 관한 적용례) 제3조제3항의 개정규정은 이 영 시행 이후 법 제29조제1항 본문에 따른 사업시행계획인가 또는 변경인가를 신청하는 경우부터 적용한다.

제4조(빈집등 실태조사에 따른 빈집등의 등급 산정에 관한 적용례) 제8조의2제2항의 개정규정은 이 영 시행 당시 실시 중인 실태조사의 경우에도 적용한다.

제5조(토지등소유자에 대한 제공 사항 등에 관한 적용례) 제20조제2항 후단 및 같은 조 제4항의 개정규정은 이 영 시행 이후 법 제23조에 따른 조합설립인가(변경인가는 제외한다)를 신청하는 경우부터 적용한다.

제6조(창립총회의 소집절차에 관한 적용례) 제20조의2제3항의 개정규정은 이 영 시행 이후 창립총회를 개최하는 경우부터 적용한다.

제7조(공공임대주택 공급의 우선 순위에 관한 적용례) 제41조제2항의 개정규정은 이 영 시행 이후 법 제26조에 따른 건축심의를 신청

하는 경우부터 적용한다.

부칙 〈제33895호, 2023. 11. 28.〉

제1조(시행일) 이 영은 공포한 날부터 시행한다.

제2조(가로주택정비사업의 사업시행구역 요건 완화에 관한 적용례) 제3조제1항제2호가목1)부터 3)까지 외의 부분 단서, 같은 조 제2항 제2호다목 및 같은 항 제3호의 개정규정은 이 영 시행 이후 법 제29조제1항 본문에 따른 사업시행계획인가 또는 변경인가를 신청하는 경우부터 적용한다.

부칙 〈제34322호, 2024. 3. 19.〉

제1조(시행일) 이 영은 공포한 날부터 시행한다. 다만, 제3조제1항 제4호가목2)의 개정규정 중 "또는 「도시재정비 촉진을 위한 특별법」 제2조제1호에 따른 재정비촉진지구"의 개정부분은 2024년 4월 27일부터 시행한다.

제2조(소규모주택정비사업의 사업시행구역 요건 완화에 관한 적용례) ① 제3조제1항제1호가목, 같은 항 제2호나목, 같은 항 제3호나목, 같은 항 제4호가목2)(재정비촉진지구에 관한 부분은 제외한다) 및 같은 조 제2항 각 호 외의 부분 단서의 개정규정은 이 영 시행 이후 법 제29조제1항 본문에 따른 사업시행계획인가 또는 변경인가를 신청하는 경우부터 적용한다.

② 제3조제1항제4호가목2)의 개정규정(재정비촉진지구에 관한 부분으로 한정한다)은 2024년 4월 27일 이후 법 제29조제1항 본문에 따른 사업시행계획인가 또는 변경인가를 신청하는 경우부터 적용한다.

부칙 〈제34984호, 2024. 11. 5.〉

제1조(시행일) 이 영은 공포한 날부터 시행한다.

제2조(가로주택정비사업의 사업시행구역 요건 완화에 관한 적용례) 제3조제1항제2호가목1)부터 3)까지 외의 부분 단서의 개정규정은 이 영 시행 이후 법 제29조제1항 본문에 따른 사업시행계획인가 또는 변경인가를 신청하는 경우부터 적용한다.
제3조(소규모주택정비 관리지역에 대한 특례에 관한 적용례) 제38조의5의 개정규정은 이 영 시행 이후 법 제43조의2제1항에 따라 시장·군수등이 소규모주택정비 관리계획을 수립(변경수립을 포함한다)하여 시·도지사에게 승인을 신청하는 경우부터 적용한다.

부칙 〈제35246호, 2025. 2. 7.〉 (한국국토정보공사법 시행령)
제1조(시행일) 이 영은 2025년 2월 21일부터 시행한다.
제2조 생략
제3조(다른 법령의 개정) ①부터 ⑪까지 생략
⑫ 빈집 및 소규모주택 정비에 관한 특례법 시행령 일부를 다음과 같이 개정한다.
제7조제1호를 다음과 같이 한다.
1. 「한국국토정보공사법」에 따른 한국국토정보공사(이하 "한국국토정보공사"라 한다)
⑬부터 ⑳까지 생략

부칙 〈제35551호, 2025. 5. 27.〉
이 영은 공포한 날부터 시행한다.

별표 / 서식
[별표 1] 소규모주택정비사업의 시행으로 건설된 임대주택의 공급조건 등(제34조제1항 관련)
[별표 2] 과태료의 부과기준(제45조 관련)

빈집 및 소규모주택 정비에 관한 특례법 시행규칙
(약칭 : 소규모주택정비법 시행규칙)

[시행 2024. 9. 30.] [국토교통부령 제1393호, 2024. 9. 30., 일부개정]

**개정 예정 법률 밑줄 별도 표시.

빈집 및 소규모주택 정비에 관한 특례법 시행규칙

(약칭 : 소규모주택정비법 시행규칙)

[시행 2024. 9. 30.] [국토교통부령 제1393호, 2024. 9. 30., 일부개정]

제1조(목적) 이 규칙은 「빈집 및 소규모주택 정비에 관한 특례법」 및 같은 법 시행령에서 위임된 사항과 그 시행에 필요한 사항을 규정함을 목적으로 한다.

제2조(가로구역의 범위 등) ① 「빈집 및 소규모주택 정비에 관한 특례법 시행령」(이하 "영"이라 한다) 제3조제1항제4호가목3)에서 "국토교통부령으로 정하는 도로"란 다음 각 호의 도로 및 예정도로를 말한다. 〈신설 2021. 9. 17., 2024. 9. 30.〉

1. 「국토의 계획 및 이용에 관한 법률」 제2조제7호에 따른 도시·군계획시설인 도로 및 같은 법 제32조제4항에 따라 신설·변경에 관한 지형도면의 고시가 된 도로
2. 「건축법」 제2조제1항제11호에 따른 도로
3. 다음 각 목의 지정을 받거나 신고·신청을 하기 위하여 「국토의 계획 및 이용에 관한 법률」, 「사도법」 또는 그 밖의 관계 법령에 따라 도로를 신설·변경할 수 있는 계획을 제출한 경우 그 계획에 따른 예정도로
   가. 법 제18조 및 제19조에 따른 사업시행자 지정

나. 법 제22조에 따른 주민합의체 구성 신고

다. 법 제23조에 따른 조합설립인가 신청

② 제1항에 따른 도로 또는 예정도로의 너비는 다음 각 호의 구분에 따른다. 〈개정 2024. 9. 30.〉

1. 사업시행구역에 접하는 도로 또는 예정도로가 하나인 경우: 도로 또는 예정도로의 너비가 20미터 이상일 것

2. 사업시행구역에 접하는 도로 또는 예정도로가 둘 이상인 경우: 도로 또는 예정도로의 너비가 각각 4미터 이상이고, 그 중 하나는 6미터[지역 여건을 고려하여 40퍼센트의 범위에서 특별시 · 광역시 · 특별자치시 · 도 · 특별자치도 또는 「지방자치법」 제198조제1항에 따른 서울특별시 · 광역시 및 특별자치시를 제외한 인구 50만 이상 대도시의 조례(이하 "시 · 도조례"라 한다)로 넓게 정하는 경우에는 그 너비로 한다] 이상일 것

③ 영 제3조제2항제1호 본문에서 "국토교통부령으로 정하는 도로 및 시설"이란 다음 각 호의 도로 및 시설을 말한다. 〈개정 2021. 9. 17.〉

1. 다음 각 목의 도로 및 예정도로

가. 제1항제1호의 도로

나. 「건축법」 제2조제1항제11호에 따른 도로로서 너비 6미터 이상의 도로. 이 경우 「사도법」에 따라 개설되었거나 신설 · 변경에 관한 고시가 된 도로는 「국토의 계획 및 이용에 관한 법률」 제36조제1항제1호가목부터 다목까지의 규정에 따른 주거지역 · 상업지역 또는 공업지역에서의 도로로 한정한다.

다. 제1항제3호의 도로로서 너비 6미터 이상인 도로

2. 다음 각 목의 기반시설

가. 공용주차장

나. 광장, 공원, 녹지, 공공공지

다. 하천

라. 철도

마. 학교

[전문개정 2019. 10. 24.]

[제목개정 2021. 9. 17.]

제3조(빈집등에의 출입) ① 「빈집 및 소규모주택 정비에 관한 특례법」(이하 "법"이라 한다) 제6조제2항 본문에 따른 통지는 별지 제1호서식에 따른다.

② 법 제6조제3항에 따른 증표는 별지 제2호서식에 따른다.

제4조(빈집 소유자의 동의방법) ① 법 제10조제3항 본문에 따른 빈집 소유자의 동의(이하 이 조에서 "동의"라 한다)는 별지 제3호서식의 동의서(이하 "동의서"라 한다)에 빈집 소유자가 성명을 적고 지장(指章)을 날인하는 방법으로 하며, 주민등록증, 여권 등 신원을 확인할 수 있는 신분증명서의 사본을 첨부하여야 한다.

② 제1항에도 불구하고 빈집 소유자가 해외에 장기체류하거나 법인인 경우 등 불가피한 사유가 있다고 특별자치시장ㆍ특별자치도지사ㆍ시장ㆍ군수 또는 자치구의 구청장(이하 "시장ㆍ군수등"이라 한다)이 인정하는 경우 동의는 다음 각 호의 방법으로 할 수 있다. 〈개정 2021. 9. 17.〉

1. 빈집 소유자(법인인 경우에는 법인의 대표자를 말한다)의 성명을 적고 인감도장을 날인한 동의서에 인감증명서를 첨부하는 방법

2. 빈집 소유자(법인인 경우에는 법인의 대표자를 말한다)가 서명한 동의서에 「본인서명사실 확인 등에 관한 법률」 제2조제3호에 따른 본인서명사실확인서 또는 같은 법 제7조제7항에 따른 전자본인서명확인서의 발급증을 첨부하는 방법

제5조(빈집의 철거통지) ① 법 제11조제1항 본문에 따른 조치명령의 통지는 별지 제4호서식에 따른다.

② 영 제9조제4항에 따른 철거통지서는 별지 제5호서식과 같다.

제5조의2(빈집의 매입) 영 제10조의2제2항에 따른 빈집매입청구서는 별지 제5호의2서식과 같다.

[본조신설 2019. 10. 24.]

제6조(사업시행계획인가의 신청 및 고시) ① 법 제12조제1항 본문에 따라 사업시행계획인가를 신청하거나 인가받은 사항의 변경을 신청하는 경우 신청서는 별지 제6호서식에 따른다.

② 시장·군수등이 법 제12조제3항 본문에 따라 해당 지방자치단체의 공보에 고시하는 사업시행계획인가 또는 변경인가의 내용에는 다음 각 호의 구분에 따른 사항이 포함되어야 한다.

1. 사업시행계획인가의 고시

가. 사업의 종류 및 명칭

나. 사업시행구역의 위치 및 면적

다. 사업시행자의 성명 및 주소(법인인 경우에는 법인의 명칭 및 주된 사무소의 소재지와 대표자의 성명 및 주소를 말한다. 이하 같다)

라. 사업의 시행기간

마. 사업시행계획인가일

바. 건축물의 대지면적·건폐율·용적률·높이·용도 등 건축계획에 관한 사항

사. 주택의 규모 등 주택건설계획

아. 정비기반시설의 귀속에 관한 사항

2. 변경인가의 고시

가. 제1호가목부터 마목까지의 사항

나. 변경의 사유 및 내용

③ 시장·군수등은 법 제12조제3항 본문에 따라 사업시행계획인가 또는 변경인가를 해당 지방자치단체의 공보에 고시하였을 때에는

제2항 각 호의 사항을 해당 지방자치단체의 인터넷 홈페이지에 실어야 한다.

제7조(준공인가) ① 영 제13조제1항 각 호 외의 부분 본문(영 제36조에 따라 준용되는 경우를 포함한다)에 따른 준공인가신청서는 별지 제7호서식과 같다.

② 영 제13조제1항 각 호 외의 부분 본문(영 제36조에 따라 준용되는 경우를 포함한다)에서 "국토교통부령으로 정하는 서류"란 다음 각 호의 서류를 말한다.

1. 건축물, 정비기반시설 및 공동이용시설 등의 설치내역서

2. 건축물 및 시설의 사용가능 여부 및 안전성 등에 관한 공사감리자의 의견서 또는 공사감독자의 확인서

③ 영 제13조제2항 각 호 외의 부분(영 제36조에 따라 준용되는 경우를 포함한다)에서 "국토교통부령으로 정하는 다음 각 호의 사항이 포함된 준공인가증"이란 별지 제8호서식을 말한다.

제7조의2 삭제 〈2023. 10. 19.〉

제8조(주민합의체 신고 등) ① 법 제22조제5항에 따른 주민합의서는 별지 제9호서식에 따른다. 〈개정 2021. 9. 17.〉

② 법 제22조제7항 본문 및 같은 조 제8항에 따른 변경신고는 별지 제9호서식의 신고서를 작성하여 시장·군수등에게 제출하는 방법으로 한다. 〈개정 2021. 9. 17., 2023. 10. 19.〉

③ 법 제22조제9항에 따른 해산신고는 별지 제10호서식의 신고서를 작성하여 시장·군수등에게 제출하는 방법으로 한다. 〈개정 2021. 9. 17., 2023. 10. 19.〉

제9조(조합설립인가 등) ① 법 제23조제1항 각 호 외의 부분 전단 및 같은 조 제2항·제4항에 따른 조합설립인가와 같은 조 제5항 본문 및 같은 조 제6항에 따른 변경인가를 신청하는 경우 그 신청서는 별지 제11호서식에 따른다. 〈개정 2021. 9. 17., 2023. 10. 19.〉

② 법 제23조제1항제2호에서 "국토교통부령으로 정하는 서류"란 다음 각 호의 서류를 말한다. 〈개정 2019. 1. 7., 2021. 9. 17., 2022. 8. 2., 2023. 10. 19.〉

1. 조합원 명부(조합원 자격을 증명하는 서류를 포함한다)

2. 공사비 등 소규모주택정비사업에 드는 비용 등이 기재된 토지등소유자의 조합설립 동의서 및 동의사항을 증명하는 서류

3. 토지·건축물 또는 지상권이 수인의 공유에 속하는 경우에는 그 대표자의 선임 동의서

4. 창립총회 회의록(창립총회 참석자 명부를 포함한다)

5. 창립총회에서 선임된 임원 및 대의원의 자격을 증명하는 서류

6. 주택건설예정세대수, 사업시행구역의 지번·지목 및 등기명의자, 도시·군관리계획상의 용도지역, 대지(가로주택정비사업의 경우 해당 가로구역의 범위를 포함한다) 및 주변현황을 기재한 사업계획서

7. 인가받은 사항 중 변경내용 및 그 증명서류(법 제23조제5항 본문 및 같은 조 제6항에 따른 변경인가로 한정한다)

8. 도로예정지를 입증하는 서류로서 다음 각 목의 어느 하나에 해당하는 서류(가로주택정비사업이 시행되는 가로구역의 일부나 소규모재개발사업 부지의 일부가 도로예정지에 접한 경우로 한정한다)

가. 너비 6미터 이상의 도시계획도로의 설치에 관한 도시·군관리계획의 입안을 제안하기 위한 「국토의 계획 및 이용에 관한 법률」 제26조제1항 각 호 외의 부분 후단에 따른 도시·군관리계획도서와 계획설명서

나. 너비 6미터 이상의 「사도법」 제 2조에 따른 사도의 개설허가 신청에 필요한 같은 법 시행규칙 제2조 각 호(제5호 및 제8호는 제외한다)의 서류

다. 그 밖의 관계 법령에 따라 너비 6미터 이상의 도로를 신설·변경하려는 경우 해당 법령에서 정한 계획도서와 계획설명서

③ 영 제20조제2항 각 호 외의 부분 전단에서 “국토교통부령으로 정하는 동의서”란 별지 제12호서식을 말한다. 〈개정 2023. 10. 19.〉

제9조의2(조합설립인가 취소요청서 등) ① 영 제21조의3제1항에서 “국토교통부령으로 정하는 요청서”란 별지 제12호의2서식의 조합설립인가 취소요청서를 말한다.

② 영 제21조의3제2항 각 호 외의 부분에서 “국토교통부령으로 정하는 조치명령서”란 별지 제12호의3서식의 조치명령서를 말한다.

③ 영 제21조의4제2항에서 “국토교통부령으로 정하는 취소통지서”란 별지 제12호의4서식의 조합설립인가 취소통지서를 말한다.

[본조신설 2022. 8. 2.]

제9조의3(간이공작물 등) ① 영 제21조의5제2항제1호에서 “국토교통부령으로 정하는 간이공작물”이란 다음 각 호의 공작물을 말한다.

1. 비닐하우스
2. 양잠장
3. 고추·잎담배 및 김 등 농림수산물의 건조장
4. 버섯 재배사(栽培舍)
5. 종묘배양장
6. 퇴비장
7. 탈곡장
8. 그 밖에 제1호부터 제7호까지의 공작물과 비슷한 공작물로서 국토교통부장관이 정하여 관보에 고시하는 공작물

② 영 제21조의5제3항에서 “국토교통부령으로 정하는 신고서”란 별지 제12호의5서식의 공사·사업 계속신고서를 말한다.

[본조신설 2022. 8. 2.]

제10조(사업시행계획인가) ① 법 제29조제1항 본문에서 “국토교통부령으로 정하는 서류”란 조합의 총회의결서 사본을 말한다. 다만, 법 제17조제1항 및 같은 조 제3항제1호에 따라 사업을 토지등소유자가

시행하는 경우 또는 법 제19조제1항에 따른 지정개발자가 사업시행자인 경우에는 토지등소유자의 동의서 및 토지등소유자의 명부를 말한다.

② 시장·군수등이 법 제29조제5항 본문에 따라 해당 지방자치단체의 공보에 고시하는 사업시행계획인가 또는 사업의 변경·중지 또는 폐지의 내용에는 다음 각 호의 구분에 따른 사항이 포함되어야 한다. 〈개정 2021. 9. 17.〉

1. 사업시행계획인가의 고시
   가. 사업의 종류 및 명칭
   나. 사업시행구역의 위치 및 면적
   다. 사업시행자의 성명 및 주소
   라. 사업의 시행기간
   마. 사업시행계획인가일
   바. 수용·사용할 토지 또는 건축물의 명세 및 소유권 외의 권리의 명세(법 제35조의2제1항에 따라 시행하는 소규모재개발사업 또는 가로주택정비사업으로 한정한다)
   사. 건축물의 대지면적·건폐율·용적률·높이·용도 등 건축계획에 관한 사항
   아. 주택의 규모 등 주택건설계획
   자. 분양 또는 보류지의 규모 등 분양계획
   차. 정비기반시설의 귀속에 관한 사항
2. 사업의 변경·중지 또는 폐지의 고시
   가. 제1호가목부터 마목까지의 사항
   나. 변경·중지 또는 폐지의 사유 및 내용

③ 시장·군수등은 법 제29조제5항 본문에 따라 사업시행계획인가 또는 사업의 변경·중지 또는 폐지를 해당 지방자치단체의 공보에 고시하였을 때에는 제2항 각 호의 사항을 해당 지방자치단체의

인터넷 홈페이지에 실어야 한다.

제10조의2(소규모주택정비 관리계획의 수립 제안) ① 법 제43조의2제1항 각 호 외의 부분 후단에 따라 소규모주택정비 관리계획(이하 "관리계획"이라 한다)의 수립을 제안하는 경우에는 다음 각 호의 사항을 포함해야 한다.

1. 관리계획의 수립 필요성
2. 소규모주택정비 관리지역의 규모와 정비방향
3. 법 제43조의2제1항 각 호의 어느 하나에 해당하는 경우로서 영 제38조의2 각 호의 요건을 모두 갖추었음을 증명하는 내용
4. 소규모주택정비사업에 대한 추진계획
5. 그 밖에 시·도조례로 정하는 사항

② 법 제43조의2제1항 각 호 외의 부분 후단에 따른 관리계획 수립의 제안 절차 및 방법에 관하여 필요한 사항은 시·도조례로 정한다.

[본조신설 2023. 10. 19.]

제11조(빈집정비사업에 대한 특례) 영 제39조제1항제5호에서 "국토교통부령으로 정하는 사유"란 다음 각 호의 어느 하나에 해당하는 경우를 말한다.

1. 법률 제3259호 「준공미필건축물 정리에 관한 특별조치법」, 법률 제3533호 「특정건축물 정리에 관한 특별조치법」, 법률 제6253호 「특정건축물 정리에 관한 특별조치법」, 법률 제7698호 「특정건축물 정리에 관한 특별조치법」 및 법률 제11930호 「특정건축물 정리에 관한 특별조치법」에 따라 준공검사필증 또는 사용승인서를 교부받은 사실이 건축물대장에 기재된 경우
2. 「공유토지분할에 관한 특례법」에 따라 공유토지가 분할된 경우
3. 대지의 일부 토지소유권에 대하여 「민법」 제245조에 따라 소유권이전등기가 완료된 경우

4. 「지적재조사에 관한 특별법」에 따른 지적재조사사업으로 새로운 지적공부가 작성된 경우

제12조(정비지원기구의 업무) 법 제50조제2항제4호에서 "국토교통부령으로 정하는 업무"란 다음 각 호의 업무를 말한다.

1. 빈집정비사업 및 소규모주택정비사업의 제도에 관한 조사·연구
2. 법 제4조에 따른 빈집정비계획의 수립 지원
3. 빈집정비사업의 시행을 위한 빈집의 현황 관리
4. 소규모주택정비사업의 주민합의체 구성 및 조합 설립의 지원
5. 주택(「공동주택관리법」 제2조제1항제2호에 따른 의무관리대상 공동주택은 제외한다)의 설계·시공 및 유지관리에 대한 지원
6. 빈집정비사업 및 소규모주택정비사업의 타당성 평가
7. 「주택도시기금법」 등 법령에 따른 빈집정비사업 및 소규모주택정비사업에 대한 융자 등의 지원

제13조(감독 등) ① 법 제54조제2항에 따라 보고 또는 자료의 제출을 요구받은 자는 요구받은 날부터 15일 이내에 보고 또는 자료의 제출을 하여야 한다.

② 국토교통부장관, 시·도지사, 시장·군수 및 자치구의 구청장이 법 제54조제2항에 따라 업무에 관한 사항을 조사하게 하려는 경우 그 조사를 받을 자에게 조사 3일 전까지 조사일시 및 목적 등을 서면으로 통지하여야 한다.

③ 법 제54조제2항에 따라 업무에 관한 사항을 조사하는 공무원은 별지 제13호서식의 증표를 조사받을 자에게 보여주어야 한다.

부칙 〈제490호, 2018. 2. 9.〉

제1조(시행일) 이 규칙은 2018년 2월 9일부터 시행한다.

제2조(조합 설립동의서에 관한 적용례) 별지 제12호서식은 이 규칙 시행 이후 조합설립에 동의하는 경우부터 적용한다.

제3조(다른 법령의 개정) ① 공항소음 방지 및 소음대책지역 지원에 관한 법률 시행규칙 일부를 다음과 같이 개정한다.

제4조제2항 중 "「도시 및 주거환경 정비법」 제2조제2호에 따른 주거환경개선사업, 주택재개발사업 등"을 "「도시 및 주거환경정비법」 제2조제2호에 따른 주거환경개선사업, 재개발사업 또는 「빈집 및 소규모주택 정비에 관한 특례법」에 따른 빈집정비사업, 소규모주택정비사업 등"으로 한다.

② 주택공급에 관한 규칙 일부를 다음과 같이 개정한다.

제3조제2항제7호가목 중 "「도시 및 주거환경정비법」에 따른 정비사업(주거환경개선사업은 제외한다)"을 "「도시 및 주거환경정비법」에 따른 정비사업(주거환경개선사업은 제외한다) 또는 「빈집 및 소규모주택 정비에 관한 특례법」에 따른 가로주택정비사업, 소규모재건축사업"으로, "같은 법 제48조에 따른 관리처분계획"을 "「도시 및 주거환경정비법」 제74조에 따른 관리처분계획 또는 「빈집 및 소규모주택 정비에 관한 특례법」 제29조에 따른 사업시행계획"으로 하고, 같은 호 나목 중 "주택재개발사업"을 "재개발사업"으로 한다.

제21조제3항제6호 중 "「도시 및 주거환경정비법」 제50조제1항부터 제4항까지"를 "「도시 및 주거환경정비법」 제79조제2항, 제3항, 제5항 및 제6항 또는 「빈집 및 소규모주택 정비에 관한 특례법」제34조제2항, 제3항, 제5항 및 제6항"으로 한다.

제35조제1항제12호다목 중 "주택재개발사업 및 주택재건축사업"을 "재개발사업 및 재건축사업"으로 하고, 같은 항 제13호 중 "주택재개발사업"을 "재개발사업"으로 하며, 같은 항 제14호 중 "별표 2 제2호가목"을 "별표 2 제1호가목"으로 한다.

제57조제1항 각 호 외의 부분 단서 중 "정비사업조합"을 "정비사업조합 또는 「빈집 및 소규모주택 정비에 관한 특례법」에 따른 조합"으로 하고, 같은 조 제4항제5호 중 "법 제15조 또는 「도시 및

주거환경정비법」"을 "법 제15조, 「도시 및 주거환경정비법」 또는 「빈집 및 소규모주택 정비에 관한 특례법」"으로, "사업시행인가"를 "사업시행계획인가"로 한다.

③ 주택도시기금법 시행규칙 별표 1에 제6호의2를 다음과 같이 신설한다.

6의2. 「빈집 및 소규모주택 정비에 관한 특례법」에 따른 조합	소규모재건축조합이 사업이 완료되어 조합원 명의로 대지를 보존등기하는 경우로서 조합원 또는 조합이 보유하고 있던 대지에 대한 보전등기	대지의 보존등기. 다만, 종전보다 대지의 면적이 증가하는 경우 증가부분에 대해서는 면제하지 않는다.	시장·군수·구청장이 발행하는 사업시행계획 확인서(관리처분계획을 포함한다). 다만, 2018년 2월 9일 전에 「도시 및 주거환경정비법」에 따라 사업시행계획인가를 신청하거나 사업시행계획인가를 받은 주택재건축사업의 경우 관리처분계획 확인서를 말한다.

제4조(다른 법령과의 관계) 이 규칙 시행 당시 다른 법령에서 종전의 「도시 및 주거환경정비법 시행규칙」 또는 그 규정을 인용한 경우 이 규칙 중 그에 해당하는 규정이 있으면 종전의 「도시 및 주거환경정비법 시행규칙」을 갈음하여 이 규칙 또는 이 규칙의 해당 규정을 인용한 것으로 본다.

부칙 〈제580호, 2019. 1. 7.〉

이 규칙은 공포한 날부터 시행한다.

부칙 〈제663호, 2019. 10. 24.〉

제1조(시행령) 이 규칙은 2019년 10월 24일부터 시행한다.

제2조(서식에 관한 적용례) 별지 제9호서식의 개정규정은 이 규칙 시행 이후 주민합의체의 구성 또는 변경을 신고하는 경우부터 적용한다.

부칙 〈제888호, 2021. 9. 17.〉

이 규칙은 2021년 9월 21일부터 시행한다.

부칙 〈제1138호, 2022. 8. 2.〉

제1조(시행일) 이 규칙은 2022년 8월 4일부터 시행한다.

제2조(출입허가증 및 조사공무원 증표 서식에 관한 경과조치) 이 규칙 시행 당시 종전의 규정에 따라 발급되어 사용 중인 출입허가증 및 조사공무원 증표는 별지 제2호서식 및 별지 제13호서식의 개정 규정에도 불구하고 그 출입허가증 및 조사공무원 증표에 적힌 유효기간까지 계속하여 사용할 수 있다.

부칙 〈제1265호, 2023. 10. 19.〉

이 규칙은 2023년 10월 19일부터 시행한다.

부칙 〈제1393호, 2024. 9. 30.〉

이 규칙은 공포한 날부터 시행한다.

별표 / 서식

[별지 제1호서식] 출입통지서

[별지 제2호서식] 출입허가증

[별지 제3호서식] 빈집정비사업 동의서

[별지 제4호서식] 조치명령서

[별지 제5호서식] 철거통지서

[별지 제5호의2서식] 빈집매입청구서

[별지 제6호서식] 사업시행계획(인가, 변경인가) 신청서

[별지 제7호서식] 준공인가신청서

[별지 제8호서식] 준공인가증

[별지 제8호의2서식] 삭제 〈2023. 10. 19.〉

[별지 제8호의3서식] 삭제 〈2023. 10. 19.〉

[별지 제9호서식] 주민합의체(구성, 변경) 신고서

[별지 제10호서식] 주민합의체 해산 신고서

[별지 제11호서식] 조합설립(변경)인가 신청서(가로주택정비사업, 소규모재건축사업, 소규모재개발사업)

[별지 제12호서식] 조합설립 동의서(가로주택정비사업, 소규모재건축사업, 소규모재개발사업)

[별지 제12호의2서식] 조합설립인가 취소요청서(가로주택정비사업, 소규모재건축사업, 소규모재개발사업)

[별지 제12호의3서식] 조치명령서

[별지 제12호의4서식] 조합설립인가 취소통지서

[별지 제12호의5서식] 공사ㆍ사업 계속신고서

[별지 제13호서식] 조사공무원 증표

대한민국 법령 시리즈 317

빈집 및 소규모주택 정비에 관한 특례법

(약칭 : 소규모주택정비법)

법 령 / 시 행 령 / 시 행 규 칙

2025년 11월 24일 인쇄 정가 22,000원
2025년 12월 4일 발행

편 저 편집부
디 자 인 송영미
발 행 인 조준형
발 행 처 해광출판사

http://www.hgbookpub.com
E-mail : munbookcokr@naver.com
주 소 부산광역시 중구 해관로 41-1 (중앙동2가)
전화번호 (051) 253-0001 팩스 (051) 245-1187

등 록 제 2012-000005호

ISBN 979-11-6881-919-1

※ 법령 출처 : 법제처 국가법령정보센터
※ 본 도서는 〈공공데이터 제공 및 이용 활성화에 관한 법률〉을 근거로 출판되었습니다.

해광출판사 대한민국 법령 시리즈

001. 선원법
002. 어선법
003. 선박직원법
004. 해사안전기본법
005. 해양환경관리법
006. 선박의 입항 및 출항등에 관한 법률
007. 학교안전사고예방 및 보상에 관한 법률
008. 종합부동산세법
009. 방위사업법
010. 행정규제기본법
011. 식품산업진흥법
012. 위험물안전관리법
013. 화재의 예방 및 안전관리에 관한 법률
014. 도시가스사업법
015. 실내공기질관리법
016. 지방세법
017. 소득세법
018. 법인세법
019. 도선법
020. 선박안전법
021. 선박법
022. 수산업법
023. 고압가스안전관리법
024. 국민연금법
025. 공동주택관리법
026. 화학물질관리법
027. 어선원 및 어선 재해보상보험법
028. 장기등 이식에 관한 법률
029. 자연재해대책법
030. 공유재산 및 물품 관리법
031. 산업입지 및 개발에 관한 법률
032. 부정경쟁방지 및 영업비밀보호에 관한 법률
033. 금융지주회사법
034. 온실가스 배출권의 할당 및 거래에 관한 법률
035. 건축사법
036. 산림문화휴양에 관한 법률
037. 전기사업법
038. 사립학교법
039. 고등교육법
040. 액화석유가스의 안전관리 및 사업법
041. 선박투자회사법
042. 수산자원관리법
043. 위험물선박운송및저장규칙
044. 선박평형수관리법
045. 주택임대차보호법
046. 상가건물임대차보호법
047. 지방공기업법
048. 승강기안전관리법
049. 수목원·정원의 조성 및 진흥에 관한 법률
050. 민법
051. 치료감호 등에 관한 법률
052. 대부업 등의 등록 및 금융이용자 보호에 관한 법률
053. 사료관리법
054. 무형문화재 보전 및 진흥에 관한 법률
055. 총포·도검·화약류 등의 안전관리에 관한 법률
056. 경찰관직무집행법
057. 시설물의 안전 및 유지관리에 관한 특별법
058. 수산생물질병 관리법
059. 소비자기본법
060. 국제선박등록법
061. 정보통신망 이용촉진 및 정보보호 등에 관한 법률
062. 해운법
063. 농수산물 품질관리법
064. 수산업협동조합법
065. 해외건설촉진법
066. 수상레저안전법
067. 공무원재해보상법
068. 수상에서의 수색·구조 등에 관한 법률
069. 어촌어항법
070. 항만법
071. 항만운송사업법
072. 해양경비법
073. 해양사고의 조사 및 심판에 관한 법률
074. 외국인근로자의 고용 등에 관한 법률
075. 중소기업기본법
076. 자유무역지역의 지정 및 운영에 관한 법률
077. 대기환경보전법
078. 소음진동관리법
079. 폐기물관리법
080. 하수도법
081. 물환경보전법
082. 토양환경보전법
083. 환경정책기본법
084. 산업재해보상보험법
085. 관세법
086. 노동조합 및 노동관계조정법
087. 근로기준법
088. 군인연금법
089. 먹는물관리법
090. 기술보증기금법
091. 관광진흥법
092. 감염병의 예방 및 관리에 관한 법률
093. 사법경찰관리의 직무를 수행할 자와 그 직무범위에 관한 법률
094. 수의사법
095. 가정폭력방지 및 피해자보호 등에 관한 법률
096. 환경영향평가법
097. 체육시설의 설치·이용에 관한 법률
098. 장사 등에 관한 법률
099. 상호저축은행법
100. 은행법
101. 보호관찰 등에 관한 법률
102. 형법
103. 자동차관리법
104. 형사소송법
105. 전자금융거래법
106. 마약류 불법거래 방지에 관한 특례법
107. 도로법
108. 주세법
109. 변리사법
110. 하천법
111. 중소기업진흥에 관한 법률
112. 발달장애인 권리보장 및 지원에 관한 법률
113. 주택법
114. 장애인복지법
115. 농어업경영체 육성 및 지원에 관한 법률
116. 공인중개사법
117. 건강기능식품에 관한 법률
118. 예비군법
119. 개발제한구역의 지정 및 관리에 관한 특별조치법
120. 국유재산법
121. 주차장법
122. 환경기술 및 환경산업 지원법
123. 대기관리권역의 대기환경개선에 관한 특별법
124. 악취방지법
125. 미세먼지 저감 및 관리에 관한 특별법
126. 가축분뇨의 관리 및 이용에 관한 법률
127. 물의 재이용 촉진 및 지원에 관한 법률
128. 물관리기본법
129. 물관리기술 발전 및 물산업 진흥에 관한 법률
130. 자원의 절약과 재활용촉진에 관한 법률
131. 전기·전자제품 및 자동차의 자원순환에 관한 법률
132. 건설폐기물의 재활용촉진에 관한 법률
133. 수도권매립지관리공사의 설립 및 운영 등에 관한 법률
134. 폐기물의 국가 간 이동 및 그 처리에 관한 법률
135. 폐기물처리시설 설치촉진 및 주변지역지원 등에 관한 법률
136. 자원순환기본법
137. 잔류성오염물질 관리법
138. 환경분쟁 조정법

해광출판사 대한민국 법령 시리즈

139. 화학물질의 등록 및 평가 등에 관한 법률
140. 환경오염시설의 통합관리에 관한 법률
141. 환경오염피해 배상책임 및 구제에 관한 법률
142. 중소기업제품 구매촉진 및 판로지원에 관한 법률
143. 환경개선비용 부담법
144. 환경분야 시험·검사 등에 관한 법률
145. 환경친화적 산업구조로의 전환촉진에 관한 법률
146. 환경친화적 자동차의 개발 및 보급 촉진에 관한 법률
147. 환경범죄 등의 단속 및 가중처벌에 관한 법률
148. 생명윤리 및 안전에 관한 법률
149. 장애인차별금지 및 권리구제 등에 관한 법률
150. 부동산투자회사법
151. 정치자금법
152. 과학기술기본법
153. 대리점거래의 공정화에 관한 법률
154. 상속세 및 증여세법
155. 학원의 설립 · 운영 및 과외교습에 관한 법률
156. 해양심층수의 개발 및 관리에 관한 법률
157. 전기용품 및 생활용품 안전관리법
158. 사회기반시설에 대한 민간투자법
159. 공직선거법
160. 정당법
161. 유류오염손해배상 보장법
162. 부정청탁 및 금품등 수수의 금지에 관한 법률
163. 항로표지법
164. 어장관리법
165. 민방위기본법
166. 공직자윤리법
167. 선거관리위원회법
168. 유선 및 도선 사업법
169. 전기공사업법
170. 사회복지사업법
171. 택지개발촉진법
172. 국가공무원법
173. 민간임대주택에 관한 특별법
174. 어음법·수표법
175. 민사집행법
176. 상법
177. 문화예술진흥법
178. 중소기업협동조합법
179. 농업협동조합법
180. 도로교통법
181. 의료사고 피해구제 및 의료분쟁 조정 등에 관한 법률
182. 산림보호법
183. 소년법
184. 동물보호법
185. 건축물관리법
186. 도시개발법
187. 화물자동차 운수사업법
188. 도시 및 주거환경정비법
189. 의료법
190. 국회법
191. 응급의료에 관한 법률
192. 출입국관리법
193. 노인복지법
194. 산림자원의 조성 및 관리에 관한 법률
195. 청소년 보호법
196. 초 · 중등교육법
197. 혁신도시 조성 및 발전에 관한 특별법
198. 경제자유구역의 지정 및 운영에 관한 특별법
199. 공공기관의 운영에 관한 법률
200. 대한민국헌법
201. 국민기초생활 보장법
202. 저작권법
203. 가사소송법
204. 국가유공자 등 예우 및 지원에 관한 법률
205. 국민체육진흥법
206. 전통주 등의 산업진흥에 관한 법률
207. 재난 및 안전관리 기본법
208. 정보통신공사업법
209. 주식회사 등의 외부감사에 관한 법률
210. 공익사업을 위한 토지 등의 취득 및 보상에 관한 법률
211. 개인정보 보호법
212. 국세기본법
213. 에너지이용 합리화법
214. 감정평가 및 감정평가사에 관한 법률
215. 국가인권위원회법
216. 가맹사업거래의 공정화에 관한 법률
217. 보건의료기본법
218. 산업안전보건법
219. 법무사법
220. 교육공무원법
221. 특허법
222. 민사소송법
223. 아동복지법
224. 전파법
225. 하도급거래 공정화에 관한 법률
226. 기초연금법
227. 사립학교교직원 연금법
228. 직업안정법
229. 장애아동 복지지원법
230. 부동산등기법
231. 자동차손해배상 보장법
232. 철도안전법
233. 항공안전법
234. 전자상거래 등에서의 소비자보호에 관한 법률
235. 독점규제 및 공정거래에 관한 법률
236. 상표법
237. 채무자 회생 및 파산에 관한 법률
238. 공무원연금법
239. 축산법
240. 근로복지기본법
241. 민원 처리에 관한 법률
242. 약사법
243. 방문판매 등에 관한 법률
244. 건축기본법
245. 지방세기본법
246. 지방세징수법
247. 지방자치법
248. 도시교통정비 촉진법
249. 공공주택 특별법
250. 국세징수법
251. 공인노무사법
252. 중대재해 처벌 등에 관한 법률
253. 외무공무원법
254. 소방시설공사업법
255. 검역법
256. 공중위생관리법
257. 할부거래에 관한 법률
258. 인터넷 멀티미디어 방송사업법
259. 전기통신사업법
260. 제품안전기본법
261. 철도사업법
262. 어린이제품 안전 특별법
263. 영유아보육법
264. 원자력안전법
265. 보험업법
266. 경비업법
267. 교통안전법
268. 세무사법
269. 관세사법
270. 공인회계사법
271. 지방공무원법
272. 고용정책 기본법
273. 국가경찰과 자치경찰의 조직 및 운영에 관한 법률
274. 협동조합 기본법
275. 재해구호법
276. 환경보건법

해광출판사 대한민국 법령 시리즈

277. 자살예방 및 생명존중문화 조성을 위한 법률
278. 소방산업의 진흥에 관한 법률
279. 소방기본법
280. 비송사건절차법
281. 자연환경보전법
282. 변호사법
283. 기업구조조정투자회사법
284. 전기통신기본법
285. 에너지법
286. 해양생태계의 보전 및 관리에 관한 법률
287. 사회보장기본법
288. 통신비밀보호법
289. 공증인법
290. 물류시설의 개발 및 운영에 관한 법률
291. 청소년활동 진흥법
292. 형의 집행 및 수용자의 처우에 관한 법률
293. 도시공원 및 녹지 등에 관한 법률
294. 태권도 진흥 및 태권도공원 조성 등에 관한 법률
295. 녹색건축물 조성 지원법
296. 우편법
297. 예금자보호법
298. 건설산업기본법
299. 금융회사의 지배구조에 관한 법률
300. 장애인활동 지원에 관한 법률
301. 언론중재 및 피해구제 등에 관한 법률
302. 국가재정법
303. 농지법
304. 게임산업진흥에 관한 법률
305. 정신건강증진 및 정신질환자 복지서비스 지원에 관한 법률
306. 디자인보호법
307. 의료기사 등에 관한 법률
308. 스마트도시 조성 및 산업진흥 등에 관한 법률
309. 내수면어업법
310. 한국주택금융공사법
311. 의료기기법
312. 유통산업발전법
313. 전통시장 및 상점가 육성을 위한 특별법
314. 여신전문금융업법
315. 해외자원개발 사업법
316. 산업교육진흥 및 산학연협력촉진에 관한 법률
317. 빈집 및 소규모주택 정비에 관한 특례법
318. 기업도시개발 특별법
319. 전력기술관리법
320. 국토기본법
321. 지하수법
322. 식품위생법
323. 광업법
324. 호스피스·완화의료 및 임종과정에 있는 환자의 연명의료결정에 관한 법률
325. 주식·사채 등의 전자등록에 관한 법률
326. 표시·광고의 공정화에 관한 법률
327. 골재채취법
328. 국민건강증진법
329. 새마을금고법
330. 여객자동차 운수사업법
331. 마리나항만의 조성 및 관리 등에 관한 법률
332. 한부모가족지원법
333. 국가를 당사자로 하는 계약에 관한 법률
334. 지방자치단체를 당사자로 하는 계약에 관한 법률
335. 축산물 위생관리법
336. 병역법
337. 음악산업진흥에 관한 법률
338. 국가균형발전 특별법
339. 첨단재생의료 및 첨단바이오의약품 안전 및 지원에 관한 법률
340. 공간정보의 구축 및 관리 등에 관한 법률
341. 공유수면 관리 및 매립에 관한 법률
342. 농수산물 유통 및 가격안정에 관한 법률
343. 아시아문화중심도시 조성에 관한 특별법
344. 신탁법
345. 자연공원법
346. 생활화학제품 및 살생물제의 안전관리에 관한 법률
347. 군인사법
348. 국제조세조정에 관한 법률
349. 낙동강수계 물관리 및 주민지원 등에 관한 법률
350. 주민등록법
351. 집합건물의 소유 및 관리에 관한 법률
352. 집단에너지사업법
353. 산림조합법
354. 반도체집적회로의 배치설계에 관한 법률
355. 자본시장과 금융투자업에 관한 법률
356. 담보부사채신탁법
357. 근로자퇴직급여 보장법
358. 국제과학비즈니스벨트 조성 및 지원에 관한 특별법
359. 수도법
360. 식품 등의 표시·광고에 관한 법률
361. 약관의 규제에 관한 법률
362. 인삼산업법
363. 종자산업법
364. 항공사업법
365. 건설기계관리법
366. 군형법
367. 궤도운송법
368. 기술의 이전 및 사업화 촉진에 관한 법률
369. 농수산물의 원산지 표시 등에 관한 법률
370. 담배사업법
371. 석유 및 석유대체연료 사업법
372. 가축전염병 예방법
373. 농어촌정비법
374. 식물신품종 보호법
375. 항공보안법
376. 중소기업창업 지원법
377. 군사법원법
378. 우주개발 진흥법
379. 해저광물자원 개발법
380. 산림복지 진흥에 관한 법률
381. 지능형 로봇 개발 및 보급 촉진법
382. 헌법재판소법
383. 옥외광고물 등의 관리와 옥외광고산업 진흥에 관한 법률
384. 혈액관리법
385. 국제항해선박 등에 대한 해적행위 피해예방에 관한 법률
386. 유료도로법
387. 독립유공자예우에 관한 법률
388. 신에너지 및 재생에너지 개발·이용·보급 촉진법
389. 신용정보의 이용 및 보호에 관한 법률
390. 출판문화산업 진흥법
391. 공항시설법
392. 국민 평생 직업능력 개발법
393. 아동·청소년의 성보호에 관한 법률
394. 방송법쉬
395. 신용보증기금법
396. 화장품법
397. 청소년 기본법
398. 인터넷주소자원에 관한 법률
399. 양곡관리법
400. 도로명주소법
401. 전자문서 및 전자거래 기본법
402. 산업기술의 유출방지 및 보호에 관한 법률
403. 국가기술자격법
404. 양식산업발전법
405. 산업기술혁신 촉진법
406. 새만금사업 추진 및 지원에 관한 특별법
407. 전자정부법
408. 지역 개발 및 지원에 관한 법률
409. 한국농어촌공사 및 농지관리기금법
410. 계량에 관한 법률
411. 기업활동 규제완화에 관한 특별조치법
412. 군에서의 형의 집행 및 군수용자의 처우에 관한 법률

해광출판사 대한민국 법령 시리즈

413. 규제자유특구 및 지역특화발전특구에 관한 규제특례법
414. 금융위원회의 설치 등에 관한 법률
415. 남녀고용평등과 일·가정 양립 지원에 관한 법률
416. 농어업인 삶의 질 향상 및 농어촌지역 개발촉진에 관한 특별법
417. 댐건설·관리 및 주변지역지원 등에 관한 법률
418. 국가유산수리 등에 관한 법률
419. 법원조직법
420. 보훈보상대상자 지원에 관한 법률
421. 부패방지 및 국민권익위원회의 설치와 운영에 관한 법률
422. 과학기술분야 정부출연연구기관 등의 설립·운영 및 육성에 관한 법률
423. 연구개발특구의 육성에 관한 특별법
424. 친환경농어업 육성 및 유기식품 등의 관리·지원에 관한 법률
425. 연안관리법
426. 영화 및 비디오물의 진흥에 관한 법률
427. 신용협동조합법
428. 방송통신발전 기본법
429. 범죄피해자 보호법
430. 가축 및 축산물 이력관리에 관한 법률
431. 국가표준기본법
432. 국가통합교통체계효율화법
433. 범죄인 인도법
434. 국가과학기술 경쟁력 강화를 위한 이공계지원 특별법
435. 국제경기대회 지원법
436. 금융혁신지원 특별법
437. 수자원의 조사·계획 및 관리에 관한 법률
438. 축산자조금의 조성 및 운용에 관한 법률
439. 소방시설 설치 및 관리에 관한 법률
440. 양성평등기본법
441. 축산계열화사업에 관한 법률
442. 수입식품안전관리 특별법
443. 대외무역법
444. 국가연구개발사업 등의 성과평가 및 성과관리에 관한 법률
445. 무역보험법
446. 기술사법
447. 광산안전법
448. 농약관리법
449. 농업·농촌 및 식품산업 기본법
450. 문화산업진흥 기본법
451. 부담금관리 기본법
452. 야생생물 보호 및 관리에 관한 법률
453. 한국은행법
454. 별정우체국법
455. 원양산업발전법
456. 콘텐츠산업 진흥법
457. 한국수출입은행법
458. 외국인투자 촉진법
459. 물류정책기본법
460. 전자서명법
461. 산업발전법
462. 산업표준화법
463. 소프트웨어 진흥법
464. 토지이용규제 기본법
465. 해수욕장의 이용 및 관리에 관한 법률
466. 정보통신 진흥 및 융합 활성화 등에 관한 특별법
467. 정보통신산업 진흥법
468. 지진·화산재해대책법
469. 소금산업진흥법
470. 위치정보의 보호 및 이용 등에 관한 법률
471. 외국법자문사법
472. 이러닝(전자학습)산업 발전 및 이러닝 활용 촉진에 관한 법률
473. 암관리법
474. 실용신안법
475. 가족관계의 등록 등에 관한 법률
476. 무인도서의 보전 및 관리에 관한 법률
477. 감사원법
478. 정보보호산업의 진흥에 관한 법률
479. 결혼중개업의 관리에 관한 법률
480. 공익신고자 보호법
481. 박물관 및 미술관 진흥법
482. 낚시 관리 및 육성법
483. 동산·채권 등의 담보에 관한 법률
484. 임금채권보장법
485. 국민투표법
486. 농림수산업자 신용보증법
487. 국가채권 관리법
488. 중소기업은행법
489. 식품안전기본법
490. 외국환거래법
491. 발명진흥법
492. 건설기술 진흥법
493. 기후위기 대응을 위한 탄소중립·녹색성장 기본법
494. 인체조직안전 및 관리 등에 관한 법률
495. 엔지니어링산업 진흥법
496. 신문 등의 진흥에 관한 법률
497. 식물방역법
498. 석탄산업법
499. 산업융합 촉진법
500. 비료관리법
501. 임업 및 산촌 진흥촉진에 관한 법률
502. 복권 및 복권기금법
503. 대규모유통업에서의 거래 공정화에 관한 법률
504. 뉴스통신 진흥에 관한 법률
505. 지능정보화 기본법
506. 자격기본법
507. 중소기업 기술혁신 촉진법
508. 국가공간정보 기본법
509. 농어업재해대책법
510. 방송광고판매대행 등에 관한 법률
511. 지식재산 기본법
512. 초고층 및 지하연계 복합건축물 재난관리에 관한 특별법
513. 해양 조사와 해양정보 활용에 관한 법률
514. 공간정보산업 진흥법
515. 공공기관의 정보공개에 관한 법률
516. 행정기본법
517. 해상교통안전법
518. 농어업재해보험법
519. 문화유산의 보존 및 활용에 관한 법률
520. 자연유산의 보존 및 활용에 관한 법률
521. 국토의 계획 및 이용에 관한 법률
522. 건축법
523. 국민건강보험법
524. 계엄법
525. 환경친화적 선박의 개발 및 보급 촉진에 관한 법률
526. 해양폐기물 및 해양오염퇴적물 관리법
527. 연안사고 예방에 관한 법률
528. 전기안전관리법
529. 의약품 등의 안전에 관한 규칙
530. 공공보건의료에 관한 법률
531. 군보건의료에 관한 법률
532. 농어촌 등 보건의료를 위한 특별조치법
533. 보호소년 등의 처우에 관한 법률
534. 국가를 당사자로 하는 소송에 관한 법률
535. 간호법
536. 국립묘지의 설치 및 운영에 관한 법률
537. 주류 면허 등에 관한 법률
538. 부가가치세법
539. 자율운항선박 개발 및 상용화 촉진에 관한 법률

*** 해광출판사의 법령 시리즈는 계속 발행 됩니다.**
**** 각 도서의 개정판은 인쇄일을 기준으로 제작 되었습니다.**